설레임

김해린 지음

IC Books

프롤로그

내가 나 자신과 사랑에 빠진다면 어떨까

언제부터였을까 내 자신에게 무심해진 것은.
얼굴의 뾰루지나 주름 같은 겉모습이 아니라
내 마음에 귀를 기울였던 마지막은?

친구들, 동생들, 때로는 언니에게도 전화를 받는다. 인간관계를 어떻게 하면 좋을지, 이 남자친구가 좋은 사람인지, 시어머니한테 뭐라고 말씀드리면 자신의 속마음을 부드럽게 말할 수 있을지, 아파트를 사면 좋을지. 적어도 내 인생 하나 정도는 부모님의 그늘을 벗어나서 제대로 살고 싶다고 한탄하던 누군가에게 했던 말을 이제는 글로 써두고 싶었다.

왜 혼자서는 무언가를 선택하기가 어려울까. 결정은 내 안에 이미 다 내려놓고도 많은 날들을 전전긍긍하며 보내기도 한다. 제대로 된 조언을 해줄 사람이 없음을 한탄하면서 속상해 하기도 하고 말이다. 중요한 순간에 함께 고민해 줄 누군가를 찾아 헤매고 있다면 이제는 그만둘 때다.

타인을 믿고 의지하며 살아갈 수 있다면 참 행복한 삶이겠지만 그들의 널뛰는 마음은 종잡을 수 없다. 따뜻하다가 금세 식어 버린 커피처럼 처음과 끝이 같지 않다. 그것은 나 자신도 마찬가지다. 우리는 남에게 기대하고 또 실망하는 일을 반복한다. 모든 걸 내어 줄 것 같이 사랑에 빠졌다가 지옥 불에서 뛰쳐나오듯 이별을 외친다.

누군가를 알아 가고 사랑하는 건 참으로 흥미진진한 일이다. 나 역시 그런 사랑의 열병을 즐기던 사람이었다. 하지만 시작이 있으면 끝이 있는 법. 이별하고 돌아오는 길의 그 허무함. '다시는 그 누구도 사랑할 수 없을 것 같아.' 이런 혼잣말은 지켜지지 않는 법이었다.

감정이 소모되지 않고도 흥미진진한 연애를 이어 나갈 수 있는 유일한 만남은 바로 나 자신과 하는 것임을 깨달았다. 나의 고민을 가장 진지하게 듣고 해결책을 내어 줄 사람도 결국은 '나'였다는 것을 세월이 지나면서 알게 되었다. 후회가 없고 원망이 없는 선택 역시 거기에 있음을.

나를 가장 뜨겁게 사랑했던 건 언제일까?

거울 속의 나를 보며 환하게 웃어 주던 때는?

자연스러운 소원함으로 잠시 잊고 살았던 나와 다시 만나 보길. 잠시 인연이 끊어졌던 옛 친구를 반갑게 만나듯, 나를 만나는 설레임을 만끽할 수 있기를. 남에게 다 털어놓지 못하는 고민도 슬픔도 마음껏 달랠 수 있는 달콤 쌉싸름한 그 시간 속으로 걸어 들어가길 바란다.

차례

프롤로그
내가 나 자신과 사랑에 빠진다면 어떨까 —— 2

Chapter 1 나를 봐요, 거울을 보듯
— 나와 마주보기

이 영화의 주인공은 바로 나	—— 14
나보다는 남을 위해서	—— 17
나와의 숨바꼭질	—— 20
안녕, 나의 아바타	—— 24
그건 아마 오해영	—— 28
좋은 사람이 아닌 없는 사람	—— 32
나 전문가의 첫걸음	—— 36
조수석이 아닌 운전석으로	—— 42

Chapter 2 해봐요, 나와의 데이트
— 나를 알아가기

내 영혼을 달래 주는 음식	—— 52
커피 취향	—— 56
시네마 천국	—— 60
열 살 때의 꿈	—— 64
물건 정리	—— 68
나만의 스타일	—— 72
나의 이상형	—— 76
나를 키운 것	—— 81
그거라면 내가 최고지	—— 86
나의 인생 책	—— 90

Chapter 3 　들어가 봐요, 내 세상 속으로
— 나로 살아가기

나 자신에게 쓰는 반성문	—— 100
인생의 진주 목걸이	—— 103
숨겨 둔 퀘렌시아	—— 105
혼술이 생각나는 날	—— 108
나만의 플레이리스트	—— 112
내 인생의 멘토	—— 116
나를 위한 특별한 날	—— 119
나에게 주는 선물	—— 122
하루의 기록, 일기	—— 126
멀리 떠나는 여행	—— 129
때로는 또 다른 나	—— 132
내가 사랑하는 풍경	—— 134

Chapter 4 불러 봐요, 나만의 노래
— 나를 즐기기

내 인생의 해답	—— 144
친구	—— 147
Basecamp (베이스캠프)	—— 151
안 돼요, 안 돼!	—— 155
그런 사람 또 없습니다	—— 158
할 수 있어	—— 162
나에게 쓰는 편지	—— 165
사랑비	—— 167
라일락	—— 170
이제 나만 믿어요	—— 174
동반자	—— 177
이상한 나라의 앨리스	—— 182

에필로그

나를 알아 가는 삶을 사는 즐거움 —— 188

Chapter 1

나를 봐요,
거울을 보듯

나와 마주보기

진짜 나는 숨겨 놓은 채,

나인 척하는 타인으로 살고 있진 않나요?

내 마음은 말하지 않은 채 남의 생각만 맞춰 주다 보니까

정말 내가 원하는 것이 뭔지 모르겠다는 생각에 슬퍼지죠.

자존감, 자중자애, 자기애……

세상은 우리에게 자기 자신을 사랑하라고 하는데,

내가 어떤 사람인지 몰라서 그렇게 해줄 수가 없었다면

오늘은 거울을 보듯 나를 만나 보세요.

◆ ◆ ◆ ◆

이 영화의 주인공은
바로 나

잠들기 전 당신은 무슨 생각을 하나요?

오늘 행복했던 일
내가 참 잘했던 일
사랑받은 일
누군가와 즐거웠던 일

혹은
누군가가 나에게 했던 말
내가 저질렀던 실수
남에게 하지 말았어야 했던 일

Chapter 1 나를 봐요, 거울을 보듯

침대에 누워 잠이 올 때까지 오늘을 후회하는 사람이 있다. 반성이 아닌 후회. 오늘 남들이 나에게 했던 말들과 내가 그때 왜 그렇게 했었는지, 그러지 말았어야 했는데 하는 생각만 든다면 소중한 나의 시간이 타인에게 버려지고 있는 셈이다. 나는 24시간 중 얼마를 남에게 내어 주고 있는 걸까. 그 사람은 내 생각을 하고 있지도 않을 텐데.

마치 영화를 보다가 정지 버튼을 누르고 앞의 장면만 무한히 반복해서 돌려 보는 일 같다. 이야기가 흘러가면서 흥미진진한 일들이 펼쳐져야 하는데, 플레이 버튼은 눌러지지가 않는다. 1초에 한 번 꼴로 무수히 일시정지 버튼을 누르고 자책하며 원망을 하다가 지쳐 잠이 든다.

이미 찍힌 영화는 돌이킬 수 없는 법이다. 앞으로 어떤 이야기가 펼쳐지면 흥미진진할지, 어떻게 하면 해피앤딩으로 끝날 수 있을지를 생각하길. 우리의 영화는 그저 주인공 소개를 끝냈을 뿐이다. 시작은 지금부터일지도 모른다.

이 영화는 액션도 로맨스도 아닌 잔잔히 흘러가는 이야기다. 주인공이 소소한 행복으로 기뻐하는. 그렇게 그렇게 개울의 물이 햇볕을 받아서 반짝반짝하며 조용조용하게 흘러가는.

당신의 인생 영화에서는 당신이 주인공이다. 지금도 당신만의 이야기가 펼쳐지고 있다.

◆ ◆ ◆ ◆

나보다는
남을 위해서

    친구들을 만나서 실컷 시간을 보내고 집으로 돌아온 뒤, 마음이 허전해질 때가 있다. 친구의 고민을 들어주다 보니 정작 내 얘기를 꺼낼 기회는 없었다는 걸 그제서야 깨닫는 밤. 나도 이런 고민이 있었는데 하며 그제서야 하지 못한 말들이 떠오른다. 남의 이야기에 잠시 뒷전으로 밀려 있던 내가 제자리를 찾는 시간이다. 누구에게라도 하고 싶었던 말을 결국 나 혼자 꾹꾹 삼키며 잠드는 날.

    아주 오래전부터 나는 고민을 들어주는 사람이 되고 싶었다. 누구에게도 할 수 없는 이야기를 들어주는 이. 죽고 싶을 만큼 힘이 들어서 더는 누구와도 만나고 싶지 않다고 생각될 때 떠올릴 단 한 사람이 되고 싶다고 생각했다. 만나고 있는 시간 만큼은 모든 정성을 상대방에게 쏟는 사람이고 싶었다. 어쩌면 그를 통해서 내 삶의 가치를 찾으려 애썼는지도 모르겠다. "나는 이 정도로 누군가에게 필요한 사람이야." 그렇게 스스로에게 말하고 싶었는지도.

누군가와 사귀면 강박적일 만큼 상대방에 대해서 자세히 알고 싶었다. 남을 알아 가는 것이 즐거웠다. 마치 새로운 미지의 세계를 탐험하는 기분이랄까. 그건 아마 나만의 이야기는 아닐 것이다. 서로의 사소한 것들을 이야기하면서 공통점을 발견하고 신기해하는 그 과정 속에서 설렘이 만들어지니 말이다.

가까운 사람에 대해 이런 질문을 하면 금방 대답할 수 있을 것이다.

— 커피를 마시러 가면 그는 주로 어떤 메뉴를 주문하는지.
— 최근에 그가 가장 슬펐했던 일은 무엇인지.
— 그가 가장 많이 하는 고민은 무엇인지.

이제, 이 질문을 나 자신에게 해보자. 얼마나 확신 있게 말할 수 있을까. 내가 아끼는 사람들을 생각하는 시간만큼 내 자신을 들여다보고 있는지 생각해 볼 일이다.

여러 가지 이유가 있겠지만, 생각보다 많은 사람들이 죽기 전까지 자신을 들여다보지 못한다. 확실한 건, 세상 그 누구를 알아 가는 것보다 나를 만나고 탐험해 나가는 것이 즐겁다는 사실이다. 그리고 그 시간과 정성에는 분명한 보람이 따른다.

나를 잘 알게 되면 어떤 결정을 내리는 것에 두려움이 없어진다. 남들이 뭐라고 하든지 간에, 자기만의 확신을 가지고 모두가 반대하는 일에도 용기 있게 도전할 수 있게 된다. 그 결과가 좋든 나쁘든 겸허히 받아들일 수 있는 마음의 여유도 생긴다. 어영부영하면서 누군가의 조언을 구하는 것에도, 시간에 쫓기는 긴장감에서도 벗어날 수 있는 것이다.

아직 나를 잘 몰라도 괜찮다. 지금부터 알아 가면 되니까. 카페에서 메뉴 하나를 정하더라도 덜 망설이는 삶의 가벼움. 확신에 찬 당신을 만나길 바란다.

나와의 숨바꼭질

　이번 생의 가장 오래된 기억은 무엇일까. 친구는 몸을 움직일 수 없었던 갓난아기 때가 떠오른다고 했다. 자신을 내려다보던 엄마의 흐릿한 얼굴이 떠오른다며. 정신분석학자 아들러는 한 사람의 최초의 기억이 그를 이해하고 파악하는 데 무척이나 중요한 정보라고 이야기하기도 했다.

　내가 아는 이래 가장 오래된 기억. 그것은 두세 살 때쯤 되었을 때 큰집에 모여 살았던 어느 순간이었다. 누군가를 따라 옥상에 올라갔던 희미한 장면. 생각을 집중하다 보면 마당이 어땠는지, 누가 나를 안아 줬었는지도 떠오른다.

최초의 기억에서부터 지금의 삶까지를 더듬어 본 적이 있다. '내 인생 속에 이렇게 많은 이야기가 있었구나' 하는 생각에 머쓱한 기분이 들었었다. 잠시 새로운 세상에 들어가 있다가 빠져나온 기분이었다랄까. 내가 또 다른 '나'를 만나서 지금까지의 삶을 엿듣고 온 듯했다.

지나간 인생을 파노라마처럼 틀어 놓고 바라보면 수많은 감정이 소용돌이 친다. 좋았던 기억에 새롭게 가슴이 벅차오르기도 하고, 생각하기 싫었던 상처와 아픔들을 대면하느라 마음이 찢어지는 고통을 느끼기도 한다.

'산다'는 단어보다 '살아 치운다'라는 말이 더 맞다는 생각이 들 때가 있다. 매일매일 내가 있어야 할 곳에 등장하고 옮겨 다니면서 나를 증명하고 확인받아야 하는 순간들. 그저께, 그저께 같았던 어제, 어제 같았던 오늘, 오늘 같은 내일, 내일 같을 모레. 커다란 밑그림에 색칠해야 하는 어린아이처럼. 똑같은 색으로 칠해야 할 면적이 너무 넓어서 한숨이 절로 나오지만, 묵묵히 크레파스가 닳을 때까지 메꾸어 넣는 기분.

기억을 더듬어 가는 여행은 고향 집 서랍 속에서 갑작스럽게 등장하는 종이 인형들처럼 그 시절 내 삶에서 반짝였던 것들이 와르르 쏟아져 내리는 기쁨을 맛보게 하기도 한다. 컴컴하던 방의 책상 위로 커튼 뒤 햇빛이 쏟아져 내리면 먼지들마저도 반짝이며 빛나듯, 내 삶의 귀했던 순간들이 그제서야 손을 내미는 것이다.

나는 종종 지금까지 살았던 날들을 결산한다. 과거의 내가 내 의지대로 살지 못했다면, 이제는 정말 내가 원하는 대로 살아 봐야겠다는 다짐을 하는 것이다. 어떤 기준을 가지고 무엇에 도전하면서 달려 나갈 것인지. 인생의 어떤 순간에 무엇을 이루고 그 다음을 계획할 것인지.

기억에 남아 있는 생의 모든 순간 속으로 나를 찾아 떠나는 여행은, 그 어떤 일보다도 흥미진진하다. 인플루언서의 일상을 엿보는 데 지친 날에는 나의 삶을 처음부터 읽어 보는 것도 좋을 것이다: '짜잔'하고 나타나는 과거의 나에게 '좋아요'를 마구마구 눌러 주길.

나 자신을 알아 가는 시간

Q. 나에 대한 첫 번째 기억은?

… …

안녕,
나의 아바타

때로 스스로에게 물어본다.
나는 진짜 나의 모습으로 살아가고 있는지,
나를 꼭 닮은 존재가 나로 살아가고 있지는 않는지.

남들과 찍은 사진을 보다 보면 가끔 내 자신이 낯설게 느껴진다. 별로 마음에 들지 않는 사람 옆에서도 말도 안 되게 행복한 미소를 짓고 있어서 어리둥절할 때가 있다.

스스로를 속이며 살아야 하는 순간들이 있다. 내 마음은 울고 싶다고 말하지만 못 들은 척 외면해야만 할 때, 달래 줄 틈도 없이 손을 꼭 잡고 끌고 가야 할 때가 있다. 그때는 진짜 나 대신 내 모습을 한 아바타가 등장한다. 울고 있는 마음속의 나를 잠시 한 편에 세워 둔 채, 그 순간의 감정은 커다란 박스에 넣어 두고 포장 테이프로 싸버리는 것이다. 아바타는 그 상황에 맞는 표정을 짓고, 내 이성에 따라 사람들 속에서 유유히 살아간다. 마침내 사람들은 내 모습을 하고 있는 그 아바타가 진짜 나인 줄 알게 된다. 그리고 나 역시 거기에 익숙해진다.

만약 그 아바타가 소개팅에 나가서 연애를 시작한다면 어떻게 될까. 속이 뒤집힐 것 같이 화가 나도 속으로 참을 인(忍)을 마구마구 세기면서 상대방이 원하는 모습을 이어 나간다면 행복할까? 그런 나를 상대가 너무너무 사랑한다면 기쁠까? 온전한 내 모습을 모르는 그의 사랑이 눈부시게 느껴질까?

혹시라도 '진짜 내 모습을 보여 주면 떠나가지 않을까?'라는 생각으로 전전긍긍하게 될 것이다. 아바타 뒤에 숨어 있는 나를 찾아와 주길 기다리게 될지도.

그런 생각을 하다 보면 "'진짜 나'라는 게 뭐야?"라는 질문을 마주하게 된다. 그때 또 한 번 놀라게 된다. 진짜 나에 대해서 생각해 본 적이 없다는 사실에 말이다.

우리는 사실 '진짜 나'를 만나는 법에 대해서 배워 본 적이 없다. 사회생활을 하면서 타인과 좋은 관계를 맺기 위해서는 어떻게 해야 하는지. 나보다는 남에 대해서 배우기 때문이다. 그렇게 내 감정이나 마음을 돌보는 법은 뒤로 미뤄진다.

초등학교 때 친구와 싸우면 선생님은 내가 왜 화났는지에 대해 생각해 주기보다는 "어서 둘이 악수하고 화해해. 미안하다고 하고 손잡아."라고 말했던 것 같다. 하지만 어떤 상황에서는 상식적으로 해결하는 것보다 내가 왜 화가 났는지가 더 중요하다.

오늘은 왜 화가 나서 폭발할 수밖에 없었는지에 대해서 상대는 어떤 모습의 '나'라는 아바타를 강요하고 있는지. 나는 거기에 어떻게 반응하고 있는지. 이런 것들에 대해 깊이 있게 마주하다 보면 또 한 걸음 우리는 스스로를 알아 가게 된다.

내가 만들어 놓은 아바타에게 '안녕'이라고 말해 보는 건 어떨까. 인사도 좋고 이별도 좋다. 그런 존재가 있다는 사실을 안 것만으로도 충분하다.

사람은 있는 그대로 사랑받기를 원한다. 지금의 모습에 만족해 줄 사람. 그러기 위해서 나는 지금의 나 자신을 어떻게 바라보고 있는지 알아야 한다. 내 자신을 있는 그대로 보여 줄 용기가 필요하다.

◆ ◆ ◆ ◆

그건 아마 오해영

"너는 언제부터 이렇게 착했니?"
"언제까지 이렇게 착할 거니?"
"너는 어쩜 이렇게 착하니?"

집으로 돌아오는 길. 덜컹거리는 버스 안에서 창밖을 바라보면 주마등같이 하루가 머릿속을 지나간다. 지금까지의 내 모습을 실망시키고 싶지 않아서 누군가가 원하는 대로 보냈던 것은 아니었는지. 어쩌면 남들의 뜻대로 살아 주려고 내 마음속 소리에는 음소거 버튼을 눌러 버린 것은 아닌지. 그런 생각을 하다 보면 기분이 더 나른해진다.

'착한 아이 콤플렉스'란 말은 '닭이 먼저인가 계란이 먼저인가'하는 질문을 떠오르게 한다. "넌 착한 아이야"라는 말 때문에 착하게 행동하게 된 건지, 착하게 행동해서 '착하구나'라는 말의 덫에 사로잡히게 된 건지 알 수가 없으니 말이다.

"넌 참 양보를 잘하는 것 같아."
"넌 늘 밝아서 좋은 것 같아."
"넌 남의 이야기를 잘 들어주는 게 장점이야."
"우리 딸은 엄마를 잘 도와줘서 늘 고마워."

주변 사람들의 말을 듣다 보면 때로는 그들이 나에게 거는 주문 같다. '아브라카다브라', '비비바비디부'처럼 자기들이 원하는 모습으로 만들어 가는. 양보하기 싫은데, 나는 양보를 잘하는 애라고 하니까 일단 그렇게 해보자. 오늘은 울고 싶은데, 남들은 내가 늘 방긋방긋 웃어서 좋다고 하니까 들장미 소녀 캔디처럼 웃어야지 뭐. '내가 살아가는 모습'이 '나에 대한 평가'로 이어지는 것이 아니라 그 전후관계가 바뀌어 있는 것이다.

남들이 내게 하는 평가와 판단, 그 중심은 '말하는 이'이다. 그들 각자의 삶에 대한 철학과 법칙을 바탕으로 나를 단정짓기에, 그들이 말하는 나는 '진짜 나'가 아닌 것이다.

나와의 데이트 때는 항상 내가 내 자신을 어떻게 생각하고 있는지 생각해 보고, 그 생각들의 계기들도 더듬어 본다. 나라는 사람은 결국 내가 결정하는 것이기에, 어떤 것들을 선택해서 진짜 나로 받아들이고 그렇게 살아갈 것인지를 고민하는 시간이 필요하다.

오래전부터 나는 스스로를 게으르다고 여겼다. 조금 더 부지런하면 좋을 텐데. 그렇게 생각하게 된 이유를 더듬다 보니, 일평생 새벽에 일어나는 엄마 때문임을 알게 되었다. 새벽 네 시에 일어나는 엄마를 보면, 내가 여섯 시에 눈을 떠도 늦잠을 자는 기분일 수밖에 없는 것이다.

남들이 나를 오해하고 있으면 속상하지 않은가. 진실을 알려 줄 방도가 없다면 절망적일지도 모른다. 하물며 내가 나를 오해하면서 살아가고 있다면?

나는 지금껏 나를 어떤 존재로 바라보고 있었는지 돌이켜 봐야 한다. 내가 나를 바라보는 시선이 결국 '진짜 나'를 만들기 때문이다. 나에게 어떤 사람 같다는 말은 잠시 떨어뜨려 놓고, 내가 어떻게 살고 싶은지를 생각해 보는 시간이 필요한 이유이다.

나를 향한 오해는 지금까지로 충분하다. 진흙 속에서 진주를 찾듯이 무수한 타인의 평가와 판단 속에서 '진짜 나'를 발견해 내자. 나의 가치를 깨닫고 반짝이게 할 수 있는 사람은 오직 '나'뿐이다.

◆ ◆ ◆ ◆

좋은 사람이 아닌
없는 사람

"나는 어떤 사람인 것 같아?"
"너는 좋은 사람이지."

누군가가 나에게 물었던 적이 있다. 어떤 사람이 좋은 사람인 것 같냐고. 깊은 뜻이 있는 질문인가 싶어서 머뭇거렸더니 이내 답이 돌아왔다.

"나한테 잘해 주는 사람이 좋은 사람인거야. 결국은"

나를 싫어하는 사람보다는 좋아해 주는 사람이 많았으면 하는 건 다섯 살 아이도 알만한 것이다. 좋은 사람이라는 것은 어디까지인 걸까. 잘해 주고 싶은 마음으로 시작한 일인데 엄한 소리를 들으며 관계가 끝나 버릴 때가 있다. 그럴 때면 한 번씩 생각하게 된다. 어떻게 하는 게 좋은 건지, 어디까지 잘해 줘야 하는 건지. 무조건 맞춰 주는 건 끝이 없는 게 아닐까.

세월이 오래 지났지만 여전히 가장 친한 친구가 한 명 있다. 나의 허물이나 부족함도 있는 그대로 받아들여 주는 사람이다. 그 친구의 가장 큰 매력은 넉넉한 마음이다. 불평불만 없이 자신의 삶을 받아들이고 그 안에서 행복을 찾아내는 것. 그렇다면 내가 생각하는 그녀의 단점은 뭘까? 가진 능력에 비해서 쉽게 현실에 안주하고 포기해 버리는 것이다. 늘 뭔가에 도전하고 분주한 삶을 즐기는 나에게 있어서 그녀의 삶은 내게 없는 것이 장점으로, 나로서 부족한 것이 단점으로 보인다.

타인을 평가하는 데 있어서 가장 중요한 것은 그 안에 그를 향한 '온전한 애정'이 있느냐의 여부이다. 그가 어떤 삶을 살아가든지 간에 온 마음을 다해서 응원할 수 있는 애정말이다. 내 모습 그대로를 보여 줄 때에도 나를 있는 그대로 봐줄 수 있는 사람들만을 가까이에 남겨 두면 되는 것이다.

아등바등 하루를 보냈지만 허무한 기분이 든다면 사람들의 시선 속에서 나를 향한 온전한 애정을 느낄 수 없기 때문일지도 모른다. 과연 나는 모든 이들에게 이렇게 애를 쓰며 살아갈 필요가 있을까. 지금까지의 노력만으로도 충분한 건 아닐까.

남들에게 좋은 사람이 되려다가 결국은 없는 사람이 되어 버릴 지도 모른다. 생각도, 감정도, 의견도 중요하게 여겨지지 못하게 되는 기분. 자신들이 원하는 모습만을 강요하는 이들과는 적당한 거리감이 필요하다. 나는 있는 그대로 자연스럽게 살아갈 권리가 있으므로.

'좋은 사람'이란 어떤 사람일까?
과연 남에게 맞춰 주는 사람이 좋은 사람인 걸까?
누군가에게 좋은 사람이 되고 싶은 당신,
그 마음만으로도 충분하다.

나 자신을 알아 가는 시간

Q. 내가 생각하는 좋은 사람이란?

◆ ◆ ◆ ◆

나 전문가의
첫걸음

나는 나에 대해서 얼마나 안다고 할 수 있을까?

알고 지낸 지 얼마 안 된 사람이 마치 나에 대해서 다 아는 냥 떠들어 댈 때, '선을 넘네?'라고 느껴지는 행동을 마구마구 할 때, "저 아세요?"라고 말해 주고 싶어진다.

남에 대해 이야기하는 것은 참 쉬운 일이다. 뉴스에도 잡지에도 늘 타인에 대한 이야기로 가득하다. 친구들과 만나도 '나'보다는 '걔'가 더 많이 등장하니까. 왜 우리는 '남'에 대해 말하는 것이 더 쉬운 걸까.

무엇에 대해 확신 가득차게 말하기 위해서는 연구가 필요한 법이다. 발표 준비를 해보면 단 15분을 위해서 준비하는 시간은 무한정인 것과 비슷한 셈. 그렇기에 나를 알아 가고 확신에 차서 이야기하기 위해서는 생각보다 많은 정성과 노력이 필요하다.

스물다섯 살이 될 때까지 가까운 사람들한테 가장 많이 들었던 말은 "넌 사람을 홀리는 재주가 있어. 사람들이 너한테 속는 것 같아."였다. 처음에는 '그게 무슨 말이지?' 하면서 들었는데, 만나는 사람마다 한 번씩 이야기하고 가족들에게도 듣다 보니까 어느 순간에는 내 인간관계가 누군가에게 환심을 사기 위한 위선처럼 느껴졌다.

한국을 떠나 미국에 있을 때였다. 혼자서 점심을 먹으려고 앉아 있는데 그곳에서 사귀게 된 외국 친구들이 삼삼오오 곁에 모여 앉았다. '얘들이 나한테 왜 이러지?' 하며 같이 앉아서 밥을 먹는데, 알고 지낸 지 얼마 되지 않은 애가 이러는 거다.

"I like you a lot. I want to get to know you better."
(나는 네가 참 좋아. 너랑 더 친해지고 싶어.)

나는 이 말을 듣고 깜짝 놀라 고개를 갸웃거렸다. 나의 이 인간관계가 외국인들에게도 통하는 걸까? 어떻게 하면 좋을까. 그러다가 조금 더듬거리며 솔직하게 말했다.

"You don't know me. I'm not really a good person."
(너는 나를 잘 몰라. 나는 그렇게 좋은 애가 아닌데.)

내 말에 그 친구들이 뭐라고 대답했을까. 들고 있던 포크를 내려놓고는 눈을 동그랗게 뜬 채로 진지하게 말해 줬다.

"No. You actually don't know yourself at all. You are a good person. We all know that."
(아니, 너야말로 너를 잘 모르는구나. 넌 정말 좋은 애야. 우리는 알겠는데.)

그날의 그 점심은 내 인생에 너무 큰 깨달음을 안겨 주었다. 어쩌면 나는 나를 잘 모르고 있는 것일 수도 있겠구나. 나에 대한 내 생각을 하나씩 더듬어 나가야겠다는 다짐이 든 것도 그날부터였다. 그 후 내가 나 스스로 좋은 사람이라고 여기고 세상을 바라보니 내 주변의 사람들이 모두 달리 보였다.

그들은 사람을 볼 줄 모르는 이들이 아니라, 좋은 사람을 알아보는 이들인 것이었다. 내가 친구들에게 "어쩌다 넌 나랑 놀게 되었니. 착한 친구들, 불쌍하다."라고 할 때면 불같이 화냈던 그 이유를 그제서야 알 것 같았다. 세상이 나에게 '넌 나쁜 아이야'라고 한 거짓말을 지금까지 믿고 살았던 것이다.

"넌 믿을 만한 애가 못 돼."
"누가 널 좋아하겠어."
"너 같이 자신감 없는 애는 처음 본다."

당신을 향해 애정 없이 그저 쓰레기처럼 툭 던진 말들을 마치 보석이라도 되는 양 끌어안고 후회하며 자책하며 살아왔다면, 이제는 그것을 원래 있던 곳으로 돌려보낼 때다. 세상은 우리에게 많은 거짓말을 심어 준다고 한다. 그런 거짓말 속에서 시달려 왔다면 이제 스스로를 다독거려 주자.

유학 시절 누군가가 나에게 이런 말을 했다. 세상이 주는 가장 큰 거짓말은 '더 사랑하는 사람이 지는 거야'라는 말이라고. 사랑해도 손해를 보지 않으려고 전전긍긍하면서 사람들이 살아가고 있는데, 어쩌면 제일 큰 거짓말에 속고 있는 걸지도 모른다고.

나답게 살아가기 위해서는 나에 대해서 들여다보는 시간이 필요하다. 세상이 나의 마음속에 심어 둔 거짓말들을 하나씩 핀셋으로 뽑아 내듯 빼내고 나면 말갛게 씻은 얼굴의 '진짜 나'를 만날 수 있을 것이다. 그때는 스스로를 따뜻하게 안아 주면 좋겠다. 너를 꼭 만나고 싶었다고 말하면서.

나 자신을 알아 가는 시간

Q. 나는 어떤 사람일까? 이유는?

◆ ◆ ◆ ◆

조수석이 아닌
운전석으로

하루에도 내 자신에게 수십 개의 질문을 하게 된다.
오늘은 버스를 탈까, 지하철을 탈까, 택시를 탈까?
데이트 나갈 때는 어떤 옷을 입을까? 등등.
어떨 때는 그냥 '아무거나'라는 버튼을 누르고 싶을 지경.

매일이 선택의 연속이다. 입사원서를 쓸 때는 어떤 단어를 쓰면 좋을까부터 점심시간에 메뉴를 정하는 것까지. 잘못된 결정과 그 결과가 두려워서 종종 남에게 물어본다. 인생이 운전대를 잡고 운전하는 일이라면, 그에게 '어서 내 운전석에 좀 앉아 주세요' 하는 셈이다.

"어떻게 해야 해? 나 잘 모르겠어. 네가 좀 결정해 줘."

Chapter 1 나를 봐요, 거울을 보듯

남을 대신해서 결정해 주는 것을 좋아하는 사람들이 있다. 그들의 지혜가 영 못 쓸 것은 아니다. 하지만 문제는 남의 선택에 대해서는 불평할 수도 없다는 것. 그때 엄마가 그렇게 말하지만 않았더라도, 선생님의 조언만 없었더라도. 하지만 왜 그들의 말에 따를 수밖에 없었을까. 그것은 분명 내가 무엇을 원하는지 나 스스로 몰랐기 때문이다. 쉽게 말해 내비게이션에 찍어 둔 도착지가 없었던 것. '여긴 어디? 난 누구? 왜 여기에 있는 걸까?'라고 중얼거릴 수밖에 없는 이유다.

나를 안다는 건 어떤 걸까? 내가 타고 있는 차가 무슨 기종의 어떤 스타일인지, 기름은 얼마나 들어있는지, 그런 것들을 알게 되는 과정이다. 예를 들어, 내가 하이브리드 세단 자동차에 타고 있다고 상상해 보자. 하지만 차에서 단 한 번도 내리지 않고 늘 운전석에만 앉아서 어디로 가야 할지 모른 채 여기로 저기로 마구마구 다니는 거다. 한참을 그러다 지프차를 타고 산속 오프로드를 달리는 친구를 보자 번뜩 생각이 스친다. '아! 나도 저 산길을 미친 듯이 달려 보고 싶다!' 그래서 그 고급차를 가지고 산속으로 들어간다면?

제일 중요한 것은 운전석에서 내려서 직접 내 차가 어떤 모델인지 정도는 파악해 봐야 한다는 것이다. 나에게 맞는, 적합하고 꼭 가야 하는 곳으로 목적지를 설정하고, 기름이 떨어지기 전에 무사히 그곳에 도착해야 되는 것. 남의 삶에 무조건 열광하고 질투하면서 살기에는 인생이 너무나 짧다.

나를 잘 알게 될 때, 내 인생이 가야 할 방향도 정할 수 있다. 그 과정에서 겪어야 할 시련과 벅찬 기쁨도 오롯이 내 몫이다. 남이 내 인생에 조언은 할 수 있겠지만 참견은 할 수 없도록.

발끝에 닿는 엔진을 만끽하며 내 인생의 운전대를 잡아 보자. 망설이지 말고, 내 앞에 펼쳐진 길을 마음껏 달려 나가는 거다.

나 자신을 알아 가는 시간

Q. 내가 원하는 10년 뒤의 내 모습은?

나를 향한 오해는
지금까지로 충분하다.
나를 반짝거리게 만들 수 있는 사람은
오직 '나'뿐이다.

Chapter 2

해봐요,
나와의 데이트

나를 알아가기

나에 대해서 제일 잘 아는 사람은 누굴까요?

머릿속에 나 자신이 떠오르는 사람이 있을까요?

나를 제일 잘 알게 되면

무슨 일을 결정할 때에도 자신감이 생기고

나와 잘 맞는 사람들은 가까이에 두고,

어려운 사람들과는 적당한 거리를 갖고 살아가는 지혜도 생겨요.

사랑하는 사람에 대해서는 모든 걸 다 알고 싶은 법.

나 자신에게 그런 마음으로 다가가는 건 어떤가요.

◆ ◆ ◆ ◆

내 영혼을
달래 주는 음식

먹어도 먹어도 허기진 주말 오후.
뭘 시켜 먹어야 기분이 좋아질까
침대에 누워서 아무리 고민을 해봐도
도무지 뭐가 좋을지 떠오르지 않을 때,
나는 무엇이 고픈 건지 생각해 볼 시간.

나의 배를 채우는 음식이 아닌, 영혼을 위로하는 한 그릇은 무엇일까. 때로는 배고픔을 달래기 위해 맛집을 찾아다니지만, 집으로 돌아와서 깨닫게 되고는 한다. 그것은 무엇인가를 향한 다른 허기짐이었음을.

한동안 사람들은 질문 그릇 속에 솔푸드(soul food)를 담아 나왔다. 별것 아닌 것 같아 보이지만, 그 사람의 인생을 담을 수 있고, 이사와 여행이라는 발자취가 들어 있고, 편식의 속살까지 볼 수 있는 마스터키 같은 하나의 질문.

"나의 솔푸드는 무엇일까?"

나의 솔푸드는 두부조림이다. 나에게 외할머니는 고등학교를 졸업할 때까지 엄마와 같은 존재였다. 아침과 저녁을 차려주시고, 잔소리도 하시고, 낮잠도 함께 자고, 음악도 같이 들었다. 독실한 불교신자였던 할머니 덕에 밥상은 늘 절간 같았다. 그중 유일한 단백질이라 할 수 있었던 것이 '두부'였다.

결혼하고 본격적으로 요리를 하다 보니, 두부조림이 얼마나 손이 많이 가는 요리인지 깨닫게 된다. 두부를 잘라서 프라이팬에서 단단해질 때까지 구워야 하고, 다시 양념장을 만들어서 조금 깊은 팬에 넣고 익혀야 하기 때문이다. 하지만 짭짤하고 달달한 두부조림이 밥과 함께 입안에서 부서질 때의 그 맛. 마지막에 혀끝으로 올라오는 마늘과 파, 양파의 콜라보레이션. 밥 한 그릇도 그냥 먹을 수 있을 것 같은 그 맛에 장을 보면 어쩔 수 없이 늘 두부 한 모를 더 사 오게 된다.

아무리 만들어 보아도 할머니가 해주시던 그 맛은 나질 않지만, 두부조림을 하는 날에는 마음이 뿌듯해진다. 할머니의 품에 꼭 안기던 그 기분을 맛보며 밥 한 숟갈에 두부조림 한 점을 입에 넣고 눈을 감은 채 꼭꼭 씹어 본다. 그러다 보면 미지근해져 있던 내 영혼이 따뜻하게 차오르는 기분이다.

내 인생의 솔푸드는 무엇일까?

저마다 다른 대답이 있을 것이다. 유행처럼 번지는 식당이나 메뉴 말고, 다이어트를 위한 샐러드나 저탄고지식 말고. 정말 내 마음을 따뜻하게 하는 음식이 무엇인지 스스로에게 물어보면 어떨까. 그리고 나만의 식도락 여행을 떠나는 것이다. 초등학교 앞 분식집이 떠오른다면 혼자서 훌쩍 그곳으로 찾아가 보는 것도 좋겠다. 식당은 흔적도 없이 사라졌을 수도 있지만, 가는 내내 어린 시절의 나를 만날 수 있을 것이다. 내가 잊고 있었던 추억들이 나의 뒤통수를 보고 졸졸 따라올지도 모른다.

나 자신을 알아 가는 시간

Q. 나의 영혼을 달래 주는 솔푸드(soul food)는?

◆ ◆ ◆ ◆

커피
취향

커피를 주문하려고 카페에 서 있다 보면

앞 손님의 주문을 엿듣게 된다.

보통 열에 일곱은 아메리카노인 것 같다.

뒤에서 기다리는 사람이 신경 쓰여서일까.

오늘은 다른 걸 마셔야지 하고 갔다가

결국 늘 마시던 대로 주문하게 된다.

나는 미지근한 아메리카노를 마신다. 주문은 뜨거운 아메리카노로 하면서 조금은 자신 없는 목소리로 조심스럽게 물어보곤 한다.

"얼음 조금 넣어 주실 수 있나요?"

취향. 이 단어 앞에서 나를 잘 표현할 수 있는 게 무엇일까. 나이가 들수록 모험을 하기보다는 익숙한 것에 마음이 기울어진다고 누군가가 말했던 기억이 난다. 나도 모르게 그렇구나 하고 고개를 끄덕였던 듯.

여섯 살 된 딸아이는 새로운 것을 볼 때마다 나에게 물어본다. 얼마 전 고양이 카페에 다녀와서는 엄마는 어떤 고양이가 제일 좋은지 궁금하다는 것이다. 고등학교 시절 키웠던 검정 줄무늬 고양이가 떠올라서, 그 이야기를 해주었더니 그 후에도 몇 번이나 되물었다.

"엄마는 검은색 줄무늬 고양이를 좋아하지? 그렇지?"

내 취향이라고 확신을 갖고 믿고 있는 것들에 대해서 스스로에게 질문해 본다. 그것이 왜 좋은지, 정말로 내가 좋아하는 것인지, 바뀐 것은 아닌지, 커피를 주문할 때도 늘 마시던 것을 기계처럼 주문하고 있는 것은 아닌지. 나는 가장 솔직하면서도 훌륭하고 믿을 만한 내 욕망의 대변인이어야 한다.

나는 종종 내가 좋아하는 것들, 취향이라고 믿고 있는 것들을 쭉 적어 보는 시간을 갖는다. 인간은 무생물이 아니라 계속 변화하고 성장하는 존재이기에 생각도 변하기 마련이다. 자신의 호불호에 대해 정확히 판단할 수 있으면 결정에 소모되는 시간도 줄어든다. 사람을 만나고 관계를 맺는 데에는 더욱 그렇다. 시간적, 감정적으로 낭비되는 것이 없기에 삶이 간결해지고 편안해진다.

간단한 커피 취향에서부터 소설 작가, 그림, 여행 가고 싶은 나라 등 무엇이든 적어 보자. 가끔씩 꺼내서 업데이트를 하고 덜어 내면서 자신만의 색깔로 농밀한 나 자신을 만들어 나가는 것이다. 이것은 누구도 대신할 수 없는 '나'로 살아가는 방법이다.

나 자신을 알아 가는 시간

Q. 나는 어떤 취향을 가진 사람인가?

◆ ◆ ◆ ◆

시네마
천국

언제 봐도 나를 감탄하게 만드는 영화들.
나를 과거의 한 시점으로 순간 이동시켜 주는 작품.
볼 때마다 특별한 감정을 불러일으키는,
나와 함께 나이 들어가는 작품은 무엇일까?

울고 싶은데 핑계가 없을 때, 이렇게 살다가는 웃는 방법을 잊어버리겠다 싶어지는 날, 인간이 무서워서 귀신 같은 게 뭐 대수야 싶은 순간 등 여러 가지 이유를 빙자해서 영화를 본다. 영화관에서 신작을 볼 때도 있지만, 사실 몇 번 봤기에 실패가 없을 만한 작품을 리스트로 만들어 두고서 다시 볼 때가 많다. 언제 봐도 진리인 나만의 영화 리스트가 있는 셈이다.

프랑스 영화 중 〈아멜리아〉라는 작품이 있다. 파리에 여행을 갔을 때에도, 이 영화에 나온 장면을 따라가며 사진을 찍어 뒀을 만큼 좋아하는 영화다. 기분 전환이 필요할 때면 꼭 한 번씩 찾게 된다. 처음 한두 번은 재미있구나 하면서 봤었는데, 언제부턴가는 내가 왜 이 영화를 나만의 영화 리스트에 넣어 두었는지 생각해 보게 되었다.

어쩌면 나는 그 여자 주인공을 동경하고 있는지도 모른다. 불행한 가정사를 안고 있지만 평범한 삶 속에서 소소한 즐거움과 행복을 발견하고, 억울한 주변인들을 위해서 깜찍한 방법으로 복수하는 주인공. 좋아하는 마음을 서로 밝히지 못하는 두 사람을 귀엽게 연인으로 연결시켜 주는 모습. '나도 저렇게 살고 싶어'라고 내 마음이 속삭이고 있는지도.

관객들은 영화를 보면서 주인공에게서 대리 만족을 느낀다는 말이 떠올랐다. 카메라 뒤의 감독의 시선으로 배우를 보면서 쾌감을 느끼는 것이다. 나는 세상이 '엉뚱하다'라고 말하는 여성들의 삶을 엿보며 즐거워했던 것 같다. 내가 좋아하는 영화 리스트에 늘 조금 특별한 여자 주인공이 등장하는 이유다.

언제 봐도 좋은 영화가 있다면 왜 그 작품인지 생각해 보면 어떨까. 그러다 보면 나의 새로운 점을 발견할 수 있게 된다. 그리고 그것이 법에 어긋나거나 문제가 되지 않는다면, 꿈만 꿀 것이 아니라 그렇게 살아 보는 건 어떨까. 스크린 속의 남이 아닌, 현실 속의 내가 되는 것이다.

우리 인생은 스크린 속의 두 시간짜리 영화가 아니다. 해피앤딩, 베드앤딩이라 할 것이 없는 제로썸 게임의 리허설 없는 다큐멘터리이자 생방송인 셈. 그러니 기분 전환은 영화에게 맡기고 나는 신나게 나대로 살아가자.

나 자신을 알아 가는 시간

Q. 나의 인생 영화를 꼽는다면? 이유는?

◆ ◆ ◆ ◆

열 살 때의
꿈

시간 여행을 할 수 있어서 열 살 때로 돌아간다면,
나는 그 아이에게 뭐라고 말해 주고 싶을까.
세상은 생각보다 흥미진진한 곳이니까
더욱 신나게 살라고.
어른들은 의외로 똑똑하지 않으니까
네가 원하는 대로 살아도 괜찮다고.

병원에 가서 진찰을 받으려다가 '나이'란에 숫자를 적어 넣으며 깜짝 놀라곤 한다. 언제 이렇게 나이를 먹었을까 싶어서다. 내 마음은 여전히 십 대 때의 어딘가를 헤매고 있는 것 같은데 몸은 이미 늙어 가는 중이라니. 사람들과 부대끼며 살다 보면 못난 나를 발견한다. 여전히 아이처럼 어린 마음의 심술로 가득한 '나'이다. 몇 살 때의 속상했던 일이 나를 이렇게 붙잡고 있는 걸까. 그럴 땐 마음속으로 여행을 떠난다.

 적당히 서늘한 바람이 부는 날, 강물이 햇빛에 닿아서 반짝인다. 저 멀리서 작은 배 한 척이 나에게 다가온다. 익숙한 듯 그 배를 타면, 마법처럼 강물이 천천히 반대로 흐르기 시작하는 것이다. 나를 실은 배가 왔던 길을 되돌아서 뒷걸음치기 시작한다. 과거로 나를 실어간다. 할 수 있다면 몇 살의 나를 만나고 싶은지 생각해 본다. 배가 멈추면, 그때의 내가 나를 기다리고 있는 것이다. 그때로 돌아간다면 어떤 모습의 내가 기다리고 있을까?

 시간을 거슬러 나를 만나는 여행. 낯선 모습으로 나타난 지금의 나에게 와락 안기는 열 살 남짓의 나. 그 아이를 꼭 안아주는 장면을 그리다 보면 가슴이 먹먹해진다. 그 아이를 한 품에 꼭 안고서 물어보는 건 어떨까. 넌 뭐가 되고 싶냐고. 앞으로의 인생은 어떨 것 같냐고. 하지만 열 살의 어린 내가 꾸고 있는 꿈은 지금 나의 것과는 분명 다를 것이다.

깔깔 웃으며 자유롭게 내 인생의 한 페이지 속을 뛰어다닐 수 있게끔 아이의 목소리에 귀를 기울여 보면 좋겠다. 지금의 나뿐만 아니라 과거의 나를 돌봐야 할 때도 있는 법이다. 과거의 수많은 내가 결국은 오늘의 나를 만들었기 때문이다.

지나온 인생의 어떤 순간 속에 갇혀 살고 있는 여러 명의 내가 하염없이 지금의 나를 기다리고 있다. 원망과 후회로 '그때 내가 왜 그랬을까'하며 남들 앞에서 과거의 나를 불러내고 토로할수록, 그는 더욱 꼭꼭 숨을 곳을 찾아 두는 것 같다. 그렇게 있다가 어느 순간 별안간 머릿속에서 '짠'하고 등장하면 잊고 있던 미움, 원망, 후회가 '훅'하고 밀려온다.

과거의 나를 만나서 손을 잡아 주면 마법처럼 그때의 내가 자라난다. 어린 시절의 내가 듣고 싶었던 말을 어른이 된 내가 중얼거려 줄 때면 마음 한 편이 찡해진다. 내 마음속의 미로에 갇힌 채, 어디로 갈지 몰라서 동분서주하는 어린 시절의 나를 찾아가는 여행. 트렁크를 꾸리지 않아도 언제든 떠날 수 있는 나만의 특별한 여정이다.

나 자신을 알아 가는 시간

**Q. 과거의 나를 만날 수 있다면
몇 살 때의 나와 만나고 싶은가?**

♦ ♦ ♦ ♦

물건
정리

버릴 수 없는 물건에는 저마다의 사연이 있다.
선물이었다면 준 사람의 마음이 남아 있고,
내가 고른 것이었다면 그날의 설렘이 담겨 있다.

나는 물건을 지독히도 못버리는 사람이었다. 무엇을 버릴 때 그 사연도 함께 사라지는 것 같아서 망설여진다. 20년 전에 갔던 도쿄 여행에서 한나절을 함께 여행했던 외국인 친구가 준 에너지바를 버리지 못하고 책상 서랍 속에 몇 년간 넣어 둔 적도 있었다. 버리려고만 하면 손가락이 꼬부라드는 건 왜였을까.

스물다섯 살부터 지금까지 이사한 횟수만 9번이다. 그 사이에 결혼도 하고, 해외도 오가고, 아이도 둘이나 생기면서 내 짐은 점점 더 줄어들었다. 그 덕분에 나는 예전보다 큰 고민 없이 물건을 버릴 수 있게 되었다.

가끔은 이사를 간다는 생각을 하고 물건들을 다 꺼내서 정리해 본다. 언제 샀었는지, 누가 줬었는지를 떠올리면서 내 과거와 마주할 수 있게 된다. 잊고 있었던 취미 생활이 떠오르기도 하고, 흑역사 같은 팬클럽 시절이 책상 서랍 깊숙한 곳에서 등장할 수도 있을 것이다. 무엇을 버리고, 무엇을 남길 것인지를 고민하는 과정에서 이 물건을 바라보는 내가 어떻게 성장하고 변화했는지도 깨닫게 된다.

한동안은 레고를 잔뜩 살 때가 있었다. 실은 한 번 만들고 나면 짐이 되어버리기 일쑤인 레고지만, 이것이 나에게 알려준 건, 어릴 때 꼭 갖고 싶었는데 엄마가 사주지 않았던 어린 시절의 속상함이었다. 그렇게 물건이 진짜 나를 만나게 하기도 한다.

버릴 수 없는 물건에게는 슬쩍 물어보자. 어떤 사연을 갖고 있길래 내가 이렇게 널 붙잡고 있는지. 그 안에는 나도 생각하지 못했던 내 속마음이 담겨 있을지도 모른다.

물건을 하나씩 정리하다 보면 삶이 더욱 간소해진다. 내 주변의 물건들을 보면 지금의 나를 이해할 수 있게 될 것이다. 과거에 머물러 있는 나와 인사를 하는 것도 거기에서부터이다. 그런 시간을 보내고 나면, 물건 하나도 신중하게 고르게 된다. 곁에 오래 두고 싶은 좋은 물건들만 하나씩 사는 습관이 생기게 되는 것이다.

세상 속에서 매일같이 물건들이 만들어지고 버려진다. 물건이 많아질수록 그 하나하나의 소중함이 사라진다. 너무 많은 것은 하나도 없는 것과 같은지도 모른다. 그러기에 늘 필요한 만큼의 것들이 내 곁에 머물 수 있게 하는 연습이 필요하다. 내 마음을 온전히 쏟을 수 있을 만큼만.

나 자신을 알아 가는 시간

Q. 나에게 가장 소중한 물건은?

나만의 스타일

　나는 도시의 야경 사진이 좋았다. 늦은 밤에 여자 혼자 다니는 위험함을 무릅쓰고도 야경 사진을 찍기 위해 모험을 펼치고는 했다. 모세혈관처럼 뻗어나가는 도로 위에 작은 적혈구들처럼 작은 등을 켠 자동차들이 천천히 빠르게 달려 나가는 것을 보면 행복했다.

　하루는 승무원으로 오래 일했던 언니와 이야기를 나누다가 야경이 제일 멋진 도시가 어딘 것 같냐는 물음에 나는 선뜻 대답할 수가 없었다. 무수한 도시의 야경을 봐왔지만 특별히 어디라고 딱 떠오르는 곳이 없었기 때문이다. 그리고 무엇보다, 내 마음이 달라져 있었다.

"대도시의 야경보다는 하와이의 해지는 풍경이 더 멋지죠."

하와이에 여행 갔을 때, 단 하루도 반복되지 않는 새로운 노을을 바라보면서 나는 나 역시도 세상에 단 하나뿐인 존재임을 깨달았다. 눈동자 색깔과 피부, 머리카락, 얼굴 모양과 체형. 내가 머물고 있는 나의 몸도 이 우주를 만든 누군가의 단 하나뿐인 작품인 셈이다.

인간이 만들어 내는 것에는 한계가 있다. 기하학적인 건축물에서부터 자연을 모방해 만드는 그 어떤 물건들도 정작 우주가, 혹은 신이 만들어 내는 그 놀라움에는 따라가지 못하는 것 같다. 나이가 들수록 그런 확신이 더욱 분명해진다.

자연을 정면으로 마주할 때 우리는 경이로움과 압도감을 느낀다고 한다. 그것은 미술관을 비롯한 전시 작품에서는 경험할 수 없는 감정이다. 거울 속에 비친 나의 모습 역시 그런 놀라움을 불러일으킬 만하다. 때로는 '나'라는 존재가 신의 작품이라는 사실에 집중해 볼 필요가 있다. 만일 이 세상을 모두

다스리고 있는 누군가가 나를 만들었다면 실수가 있을 수 있을까? 신이 가장 완벽하게 만든 것이 무엇인지 알고 싶다면, 지금 당장 거울을 보면 된다.

그렇다면 나에게 가장 잘 어울리는 스타일은 어떤 스타일일까? 유행에 흘러가 버리지 않는 나만의 아름다움을 갖는다면 어떨까. 지금은 이게 유행이니까, 모두가 이걸 사니까. 이렇게 우루루 따라 사는 것이 아니라, 신이 준 그대로의 나를 더욱 아름답게 만들어 나가는 것이다. 나에게 어울리는 브랜드의 옷은 무엇인지, 향기는 어떤 게 좋을지, 퍼스널컬러는 무엇인지. 관심을 갖고 나를 채워 나가다 보면 나만의 스타일이 생기게 된다.

세상에 단 하나뿐인 작품이 주는 아우라가 느껴지는 인생. 그것이 엘레강스가 아닐까 싶다.

나 자신을 알아 가는 시간

Q. 세상의 유행이 아닌, 내가 좋아하는 스타일은?

♦ ♦ ♦ ♦

나의
이상형

나는 어떤 사람을 좋아할까?

내가 좋아하는 사람들 리스트를 써보면

의외의 나를 발견하게 된다.

어떤 사람들을 좋아해 왔는지,

그들은 어떤 공통점이 있는지,

또 앞으로는 어떤 사람을 만나고 싶은지.

친밀한 관계를 통해 내가 기대하고 있는 것은 무엇일까.

아직도 똑똑히 기억이 나는 여섯 살, 나의 장래 희망은 '현모양처'였다. 바로 좋은 남자를 만나서 아이를 낳고 키우는 행복한 결혼 생활을 하는 것. 부모님을 보면서 결혼의 중요성을 일찍 깨달았던 것인지도 모르겠다.

스물한 살에 뉴욕으로 여행 갔을 때, 그곳에서 살고 있는 사촌 언니를 만났었다. 독실한 크리스찬 집안에서 자란 언니는 중학교 때부터 어떤 사람을 만날 것인지 리스트로 써두고 기도하고 있다고 했다. 나에게 스물한 살도 이미 늦었다며 어서 써보라고 채근을 했다. 그날 밤 고민하면서 열 가지의 리스트를 썼던 것 같다. 그중 몇 가지는 이런 것이었다.

— 예술적 감성이 있고 음악을 좋아하는 사람
— 책 읽기를 즐기는 사람
— 최고가 되고 싶은 분야가 있는 사람
— 몸과 정신이 건강한 사람

그 후 몇 년 뒤, 나이가 지긋하신 선생님께서 이상형을 물어보셨다. 나는 조금의 머뭇거림도 없이 그 열 가지를 말씀드렸었는데 대뜸 나에게 이렇게 말씀하시는 것이었다.

"너는 그중 몇 가지에 부합하는 사람이니?"

나는 내가 될 수 없는 존재를 연인으로 두고 싶었던 것이었는지도 모른다. 그날 나는, '나부터 그런 사람이 되어야겠다는 마음은 왜 먹지 않았을까?' 하는 질문을 스스로에게 던져 보았다. 이 리스트는 진짜 내가 원하는 사람에 대한 것인지, 아니면 주변 사람들이 부러워할 만한 사람으로 여기게 하고 싶은 타인의 욕망을 따르고 있는 것인지도.

지금까지 만났던 이성 친구들을 돌이켜 볼 필요가 있다. 어떤 모습에 반했었는지, 왜 실망했었는지를 써보면 반복적으로 발견되는 패턴이 있을 것이다. 친구들에게는 "나는 키 큰 남자를 좋아해."라고 말하지만 사실은 '유머 감각'이 중요했다라든가, 자꾸만 그늘진 남자에게 끌린다든가, 이런 것들이다. 한 번도 없었다면 어떤 사람을 만나고 싶은지 써보는 거다.

그 다음은 왜 그런 사람을 좋아하게 됐는지 나 자신에게 물어보는 것이다. 학벌을 중요하게 보는 것 같다면, 학벌이나 학력이 우리 가족, 집안, 내 주변 사람에게 어떤 의미인지 생각해 보는 식이다. 의외로 친구나 사촌들과 같은 주변인들과 비슷한 패턴의 남자를 만났음을 발견하게 될지도.

내 안에서 해결되지 않는 콤플렉스는 누군가를 만나서 해결할 수 있는 것이 아니다. 좋은 사람을 만나려면 나부터 좋은 사람이 되는 수밖에 없다. 남의 인생에 편승해서 살게 되면 나의 인생을 운전해 나갈 기회가 좀처럼 오지 않기 마련이다.

누구라도 만나 봐야겠다는 생각보다는, 내가 자꾸 만나게 되는 사람들이 갖는 결을 한 번쯤 들여다보면 좋겠다. 그 안에서 지금껏 생각지도 못한 나를 찾게 될 것이니 말이다. 결국 이상형 리스트는 내가 되고 싶었던 '나'를 발견하는 것인지도 모른다.

나 자신을 알아 가는 시간

Q. 나는 어떤 사람을 사랑하고, 사랑받고 싶은가?

◆ ◆ ◆ ◆

나를
키운 것

"나를 키운 건 팔 할이 바람이었다"
라고 말한 시인이 있었다.
'바람'에 괄호를 두고 다른 것을 써넣는다면 뭐가 좋을까.
나를 키운 건 팔 할이 (   )이다.

처음 이 시를 읽었을 때 받았던 충격이 잊혀지지 않는다.
나를 키워 준 팔 할은 무엇인지 아무리 곰곰이 생각해 봐도
'바람'만큼 멋진 단어가 좀처럼 떠오르지 않았다.

그 괄호에 다른 단어를 넣을 수 있다 하더라도, 한 번쯤은
부모님에 대해 생각해 보면 좋겠다. '부모니까 당연히 나에게
이렇게 해줬어야 했던 거 아니야?' 하는 생각은 내려놓고, 인간

적으로 바라보는 것이다. 아주 작고 소박한 인터뷰를 해보는 것도 좋다. 부모님의 부모님은 어떠했는지, 어떤 걱정과 고민을 갖고 지금껏 살아왔는지, 유년 시절에는 무슨 결핍으로 힘들었는지. 그런 것들을 생각하다 보면 그들을 새로운 시선으로 바라보게 된다.

인정하고 싶지 않지만 나를 키운 건 팔 할이 엄마다. 돌이켜 보니 그러하다. 엄마는 원래 화학 선생님이 되고 싶었지만 일찍 돌아가신 외할아버지 탓에, 대학 졸업도 전에 공무원 시험을 쳐서 진짜 원하던 꿈을 접고 다른 방식의 사회생활을 시작해야 했다. 돈이 없어서 학원을 못 보내 주는 외할머니를 보면서 엄마는 자식에게 물질적으로는 무엇이든 부족하지 않게 해주고 싶었다고 한다. 그 뜻대로 나는 다양한 사교육을 섭렵하면서 자랐다.

엄마는 돈을 벌어야 해서 바빴던 탓에 나와 같이 시간을 보내기 힘들었다. 늘 응원하는 말과 물질적인 후원으로 나에게 사랑을 보여 줬다. 이제와 돌이켜 보면 그것만큼 대단한 일도 없었다 싶지만, 어린 시절의 나는 항상 엄마가 고픈 아이였다.

외할머니는 돈을 버는 능력은 없었지만, 늘 집에서 음식을 차려 주고, 돌봐 주는 전형적인 엄마였다. 엄마는 그런 엄마가 싫어서 다른 삶을 선택했지만, 아이러니하게도 나는 외할머니 같은 엄마가 있었으면 싶었다. 엄마가 주고 싶은 사랑과 내가 받고 싶은 사랑은 그렇게 엇박자였던 셈이다.

하지만, 절대 닮지 말아야지 생각하면서도 결국은 엄마를 닮아 있는 나를 발견한다. 새벽에 일찍 일어나서 등산을 가거나 달리기를 하는 모습을 보면서, 왜 사서 고생을 하는 걸까 싶었던 어린 시절의 나는 온데간데없다. 그때의 그녀와 똑같은 나이의 내가 매일 새벽 네 시 반에 일어나서 5km씩 조깅을 하고 있기 때문이다.

나는 나와 시간을 많이 보낼 수 있는 사람을 이상형으로 삼게 되었다. 너무 바쁘지 않는 사람. 그렇게 엄마에게서 받지 못했던 사랑을 다르게 채우고 싶었다. 엄마를, 또는 아빠를 이해하고 관찰하다 보면 줄줄이 사탕처럼 나 자신을 이해하게 된다. 그들의 결핍이 내 삶에 어떤 영향을 주는지 자연스럽게 발견할 수 있기 때문이다.

아이를 낳고 키우면서 부모가 아닌 자식이 나를 키우고 있음을 깨닫게 된다. 이렇게 해라, 저렇게 해라 잔소리를 듣는 것에만 익숙했는데 이제는 그런 말을 해야 될 처지가 되고 보니 간단한 문제가 아닌 듯 싶어진다. 아이가 "왜?"라고 물어볼 때는, 내가 지금껏 생각하고 옳다고 믿어 왔던 모든 것들에 대한 근본적인 의구심으로 돌아가게 된다. 정말 확실하게 판단하고 깊이 생각하면서 살았던 건 아니었음을 깨닫는 매일이다.

나 자신을 알아 가는 시간

Q. 우리 부모님은 어떤 인생을 살아왔는가?

그거라면
내가 최고지

친구가 고민이 있다며 전화가 왔다. 아이가 학예발표회를 하는데 아무 역할도 맡지 않겠다고 떼를 쓴다는 것이다. 아이는 주인공도 싫고, 노래를 부르는 것도 별로라면서 박수만 치고 싶다는 것. 그 친구는 박수 치는 게 제일 좋고 잘할 수 있다는 아이의 말에 한숨이 절로 난다는 거다.

그 후 결국은 어떤 역할을 맡아서 했노라 전화를 받았지만, 아이의 그 말이 몇 번이고 떠올랐다. 누군가의 멋진 모습에 박수를 쳐주고 응원해 주는 것도 엄청난 특기라고 할 만하다 싶었기 때문이다.

자기소개서에 써넣어야 하는 특기, 취미 칸은 늘 우리를 고민으로 내몬다. 무엇을 적어야 할지 모르겠는데 모니터 속의 커서는 깜빡거리면서 재촉하는 듯하다. 무엇을 잘한다고 똑 부러지게 말할 수 없어서 속상해진다.

'타인에게는 관대하게 나에게는 엄격하게' 살아가는 사람들이 많다. 남의 칭찬도 기쁘게 받아들이기보다는 정중히 사양하는 것이 우리나라 문화이기도 하지만, 한 번쯤은 스스로를 객관적으로 바라보고 내가 잘하는 것이 무엇인지 알아내는 시간이 필요하다.

'다 나만큼은 하지 않나?'라는 생각이 든다면 어릴 때부터 지금껏 잘한다고 칭찬을 받았던 일, 성취했던 것들을 떠올리다 보면 의외의 것들을 발견할 수 있을 것이다. 우리는 기성제품처럼 다른 사람들과 같은 곳에 전원 버튼이 있어서 똑같은 기능을 가진 존재가 아니다. 나만의 특별함이 분명 숨겨져 있을 것이다.

세상이 우리에게 똑같은 옷을 입히고 점수를 매겨 왔지만, 사실 진짜는 한 명 한 명 특별했음을 깨달아야만 한다. 내가 잘하는 게 뭔지 모르겠다면 잘하고 싶은 것을 생각해도 좋다. 나는 무엇에 특화된 인간으로 남은 인생을 즐겁게 살아가고 싶은 것인지.

학예발표회에 올라가야 하니까 어쩔 수 없이 어떤 역할이라도 맡아야 했던 그 아이. 남에게 박수를 쳐주는 그 기쁨을 아는 것이 사실은 엄청난 재능임을 이제서야 깨닫는다. 특기와 취미는 어쩌면 노래 부르기, 독서와 같은 어떤 행위를 넘어서 삶의 자세나 태도에 있는 건지도 모르겠다.

나를 알아 가는 데는 시간도, 정성도 필요한 법이다. 잘하는 것과 못하는 것, 어떻게 살아왔고 살고 싶은지를 발견하는 과정. 그러다 보면 나 자신을 가장 잘 운영할 수 있는 사람이 되는 것이다. 세상에 단 하나뿐인 나를 가장 잘 아는 내가 될 수 있는 유일한 길이다. 다른 지름길은 존재하지 않는다. 내가 나를 만나는 데에 쓰는 시간은 조금도 아깝지 않다.

나 자신을 알아 가는 시간

Q. 내가 잘하는 것은?
또는 잘하고 싶은 것은?

◆ ◆ ◆ ◆

나의
인생 책

내 인생을 뒤흔든 한 권의 책,

그 책이 그럴 수 있었던 이유는 무엇일까?

내 삶을 늘 함께 할 책 한 권을 고르라면?

인생에서 가장 기억에 남는 책은 무엇인지 생각해 본다. 초등학교 때 읽었던 이원수 전집은 작가가 되고 싶다는 마음을 품게 만든 책이었다. 아이들을 사랑하는 마음이 느껴지는 글. 조금은 투박한 그 글이 좋아서 한동안 그의 책을 파고 들었었다. 소설 ≪빙점≫은 길을 걸어가면서도 읽을 정도로 흥미진진했었다.

중학교 때는 한 명의 작가를 정해서 도장깨기를 하듯 책을 읽기도 했다. 이문열, 조정래, 박완서, 최명희와 같은 작가들부터 신경숙을 필두로 한 여성 작가들의 작품까지.

타인의 시선으로 세상을 새롭게 조망하는 데 있어서 책만큼 효과적인 것은 없다는 생각이 든다. 어떤 책은 작가의 평생을 담아 쓰여지기도 한다. 단돈 몇 만원으로 그들의 지혜와 지식을 얻을 수 있는 셈이다. 그렇게 생각하면 책이야 말로 가장 값이 덜 드는 배움의 방식일 것이다.

'인생 책'이라 할 만한 것이 있다면 리스트를 만들어 보자. 10대 때부터 지금까지 어떤 책들이 나에게 울림을 주었는지, 그 이유는 무엇이었는지 돌이켜 보는 것이다. 모두가 좋다고 하는 책이 무조건 정답은 아니다.

인생 책을 정리하다 보면 나를 돌아보게 된다. 실제로 만나 본 적은 없지만 내 삶을 뒤흔들었던 책 속의 인물들과 작가를 떠올리게 된다. 그 책을 읽을 때의 나도 함께 생각이 나는 것은 물론이다. 세월이 지나 그 책을 다시 읽어 보면 새로운 인사이트가 생길 것이다. 부쩍 자란 나 자신도 만나게 된다.

그런 책들은 모아서 늘 함께 하자. 이사를 하게 되더라도 나만의 작은 서재를 두는 것이다. 늘 새롭게 나를 성장시켜 주는 책. 그런 인생 책이 우리 삶에 꼭 필요하다.

나 자신을 알아 가는 시간

Q. 나의 인생 책을 한 권 꼽는다면?

♦ ♦ ♦ ♦
나를 알아 가는 데는
시간과 정성이 필요한 법이다.
내가 나에게 쓰는 시간은
조금도 아깝지 않다.

Chapter 3

· · · ·

들어가 봐요,
내 세상 속으로

나로 살아가기

집 밖으로 한 발짝도 나가고 싶지 않은 날.

아무에게도 방해받고 싶지 않은 때가 있지요.

그런 날은 나와 단둘이 의미 있는 시간을 보내면 어떨까요.

편안한 차림으로 가볍게 나를 들여다보고 돌보는 시간.

나에게 달콤한 세레나데를 들려 주세요.

일상 속에서 지친 내가 긴장을 풀고 푹 쉴 수 있도록

토닥토닥 돌봐 주는 거예요.

나 자신에게
쓰는 반성문

아플 때는 정중하게 나에게 사과하자.
내가 원하는 휴식으로 하루를 꽉 채우자.

몸이 아프면 그 동안의 건강이 얼마나 소중했었는지를 깨닫게 된다. 주위 사람들에게 고마웠던 마음도 품게 되고, 앞으로는 이러지 말아야겠다는 반성도 하게 된다.

아픔이 조금 가시고 나면 나는 편지를 쓴다. 매일 아침 한 페이지씩 쓰는 다이어리를 펼치고는 제목에 〈반성문〉이라고 쓴다. 첫 문장은 '미안해'. 내 몸을 돌보지 않은 나 자신에게 스스로 보내는 사과의 편지다.

쉬어야 할 때라고 생각했는데 모임에 빠지면 안 될 것 같아서 무리하게 갔던 일. 못 할 것 같다는 말을 하려니 너무 구차해지는 것 같아서 '싫다'라는 말 대신 일을 떠안아서 몸을 혹사시킨 일. 시간 낭비일 걸 알고 있었지만 얼굴은 비쳐야 될 것 같아서 부랴부랴 쉬다 말고 집을 나섰던 일. 돌이켜 보면 그러지 말 걸 싶은 일들이 한 가득이다.

세상에 지지 않으려고 애를 쓰다가 내 몸이 방전이 되어 버릴 때가 있다. 그런 나를 어떻게 재충전해야 할지를 몰라서 최소한의 에너지만을 갖고 살아간다. 휴대폰이 꺼지기 전 15%, 5% 남았을 때 몇 번이나 경고를 주듯이 꺼질 듯 말 듯한 위태로운 날들을 보낸다.

스스로에게 충분한 휴식 시간을 할애해 주지 않는 내 자신. 나를 꽉 채우는 충전의 시간을 위해서는 어떤 활동과 휴식이 나를 온전히 쉬게 만들고 에너지를 얻게 만드는지를 알아둘 필요가 있다.

반성문에는 과거의 잘못을 인정하는 것뿐만 아니라 앞으로 어떻게 할지도 꼭 적어 넣는다. 스트레스가 많아서 마음이 닳을 때는 어떻게 해야 할까. 우리의 마음도 타이어 바퀴처럼 계속 거칠고 험한 길을 가다 보면 구멍이 나버린다. 그렇기 때문에 스스로를 어떻게 돌볼 것인지도 생각해 둬야 한다.

몸이 아프고 큰 이슈가 없을 때도 틈틈이 나에게 편지를 써 주는 건 어떨까. 요즘 내가 필요한 것이 무엇인지 돌아볼 수 있도록. 사람들과 왁자지껄하게 보내는 것이 정작 나에게는 휴식이 아니었음을 발견할 기회가 될지도 모른다.

나에게 반성문을 쓰는 목적은 결국 내가 온전히 나에게 시간과 에너지를 쏟고 있지 않았음을 발견하는 동시에, 나를 돌보는 데 노력하겠다고 다짐하는 데 있다.

진짜 내가 원하는 쉼이란 무엇일까. 어떨 때 나의 에너지가 충전되는지 생각해 보자. 언제 방전될지 모르는 조마조마한 기분으로 살아가지 않기 위해 꼭 알아 둬야 하는 질문이다.

◆ ◆ ◆ ◆

인생의
진주 목걸이

차가운 바람이 불기 시작하는 11월, 새벽 일찍 일어나서 창문을 활짝 열면 뺨으로 찬기가 스며든다. 몸에 닿는 차가움처럼 계절의 서늘함에 정신도 깜짝 놀라 깨어난다. 그런 날에는 옷을 여미고 휴대폰은 둔 채 집을 나선다. 나 자신과 단둘이 새벽 산책을 하는 것이다. 오늘의 내가 인생과 계절의 어디쯤을 지나가고 있는지를 발견할 수 있기에 의미가 있다.

새벽은 실로 고요한 시간이다. 모두가 잠들어 있어서 누구도 나를 찾지 않는다. 새벽 공기를 마시면서 오늘은 어떤 멋진 일이 나를 기다리고 있을지 생각하며 그 일을 무사히 완수해내는 나를 상상해 본다. 내가 잠든 사이, 간밤에 무슨 일이 있었던 것은 아닌지 포털 사이트 뉴스를 뒤적이고 싶은 욕망을 꾹꾹 누르는 것이 쉽지는 않지만.

인생의 끝에서 목에 걸게 되는 것은 한가운데 커다랗게 번쩍이는 메달같은 목걸이가 아니라, 무수히 많은 상아색의 알들이 촘촘히 꿰어진 진주 목걸이일 것이다. 어제의 평범한 하루도 반짝이는 한 알의 진주가 된다.

삶이 지칠 때는 지금까지 내가 누려온 것들, 곁의 소중한 것들을 떠올려 본다. 그리고 그 행복한 시간들을 자그마한 한 알의 진주를 닦듯이 마음으로 온전히 더듬어 본다.

새벽 산책은, 오늘 어떤 진주알을 내 인생이란 목걸이에 꿰게 될지 기대하는 시간이기에 소중하다.

숨겨 둔
퀘렌시아

아무에게도 말해 주고 싶지 않은 나만의 공간.
당신이 숨겨 둔 소중한 퀘렌시아는 어디입니까?

'퀘렌시아'란 지친 몸과 마음을 쉴 수 있는 자신만의 공간이다. 투우 경기에서 투우사와의 싸움에 지친 소가 휴식을 취하는 장소를 말한다. 무수한 장소들 중 나만의 그런 작은 공간이 있는지 스스로에게 물어보자.

좋은 카페를 발견하면 '누군가와 함께 오고 싶다'라고 생각을 하는 이들이 많을 것이다. 하지만 나는 그 누구에게도 이 공간을 알려 주지 말아야지 하고 중얼거린다. 나만의 퀘렌시아를 모으는 것은 나의 소중한 취미 중 하나이다. 마음이 혼란스럽거나 속상할 때면 퀘렌시아라고 여기는 장소로 떠난다. 사람들로 붐비지 않는 평일 오전의 미술관이나 박물관도 좋고, 나무가 우거져 있는 오래된 산책로도 좋다.

너무 속상한 늦은 밤, 비마저 흠뻑 내리고 있어서 도무지 갈 곳을 찾을 수 없을 때에는 차로 숨어든다. 차 천장을 두드리는 빗소리를 들으며 1평 남짓한 좁은 공간에 머무르고 있으면 마음이 편안해진다.

세상이 나에게 빨간 깃발을 휘두르며 어서 지쳐 쓰러지라고 외치는 것 같은 날에는 내가 만들어 놓은 공간으로 떠난다. 스트레스를 내려놓고 호흡을 고르며 시간을 보내는 것이다. 세상과 단절을 선언하고 고요히 침묵하는 시간. 작은 노트를 들고 가서 요즘 나를 힘들게 했던 일들을 쓰고 하나씩 지워 나가는 것도 좋다.

나만 알고 싶은 카페가 생겼다면 친구와 함께 가고 싶은 욕망을 꾹꾹 눌러 두자. 우연이라도 그곳에서 마주치면 나만의 고요한 시간이 방해받을 것이니 말이다. 퀘렌시아에서 충분히 휴식을 취하고 문을 나서면, 비현실에서 현실 세계로 빠져나온 듯한 기분을 느끼게 된다.

공간이 주는 놀라움. 삶이 지칠 때에는 나만의 퀘렌시아로 숨어들자. 머릿속에 떠오른 곳이 있다면 그곳으로 향해 가는 것이다.

혼술이
생각나는 날

타인이 내 마음을 이해하고 위로해 주기를 바라는 것은
기적을 기대하는 것이다.
기대가 클수록 실망도 커지게 마련이다.

왁자지껄한 술자리에서는 웃음소리가 끊이질 않는다. 눈을 마주치며 대화가 오가고, 별 뜻 없는 한 마디에 속마음이 쉽사리 흘러나온다. 끝나고 헤어지는 순간에는 아쉬움이 가득하다. 그러나 집으로 돌아와서 현관문을 열고 소파에 앉으면 밀려드는 허무함. 뭔가 변죽만 울리다가 돌아온 것 같은 인간관계. 어린 왕자가 코끼리를 삼킨 보아뱀을 만지는 기분이랄까.

그런 날에는 지갑과 휴대폰을 들고 편의점으로 간다. 총총

걸음으로 가면서 무슨 술을 마시면 좋을지, 안주는 뭘로 할지 고민한다. 나 자신과 한잔하는 것이다. 그게 무슨 재미가 있을까 싶을 수도 있지만 꼭 한번 해보길 바란다. 단, 만 19세 이상 음주가 가능한 사람들만.

재미있는 건, 혼술을 해야겠다고 마음을 먹고 술상을 다 차려 놓고 나면 걱정이나 고민이 정리되어 있을 때가 많다는 것이다. 술을 사러 혼자 편의점에 오가는 길에, 내가 좋아하는 요리를 주문하거나 만드는 와중에 속상하고 힘들었던 일들이 사르르 마음속에서 녹아 내린다. 내가 원하는 위로와 애정을 줄 수 있는 타인이란 애시당초 존재하지 않는지도 모른다. 오직 나만이 나에게 가능한 것일지도.

나만을 위한 만찬, 파티, 혼자서 성대하게 보내는 시간을 우습게 보지 말자. 값비싼 목욕용품을 사서 오래오래 거품 목욕을 즐기는 것도 좋다. 내 기분을 바꿔 줄 수 있는 기회를 남에게 양보하지 말고, 오롯이 나 자신이 스스로를 기쁘게 만들어 보는 것. 그것은 특별한 경험이다.

나 자신이야말로, 이 세상에 존재하는 가장 좋은 친구다. 말하지 않아도 내 마음을 그 누구보다 잘 아는 존재. 무엇을 원하는지, 무엇을 이루고 싶은지. 마침내는 그것을 이루게 해 줄 가장 가까운 이. 그러니 타인이 아닌 나 자신에게 의지해 보는 건 어떨까.

나 자신을 알아 가는 시간

Q. 힘들거나 외로울 때, 나를 충전하는 나만의 방법은?

나만의
플레이리스트

아무것도 할 힘이 없다면

그저 눈을 감고

나를 위로하는 음악을 들어 보자.

가사가, 선율이 새로운 에너지를 안겨 줄 테니까.

어디선가 문득 나의 플레이리스트 속의 음악이 흘러나오면 고개를 두리번거리게 된다. 마치 무한한 우주 속의 누군가가 나를 위해 노래를 틀어 주는 기분이랄까. 그럴 때는 하던 일을 멈추고 잠시 음악에 귀를 기울인다. 평범한 순간이 나에게 큰 의미로 다가오는 신비로운 찰나가 된다.

새로운 에너지가 필요한 날, 나는 나만의 플레이리스트를 열어 본다. 클래식은 물론, 국악부터 아이돌 노래까지 내 인생의 사연을 담은 곡들이 한 가득이다. 침대에 눕거나 조용한 곳에 앉아서 가만히 음악을 듣는다. 나를 위한 내 나름의 위로 방식이다.

잦은 이사로 물건을 버릴 일이 많아지면서 만들게 된 나만의 방법. 잊고 싶지 않은 순간이나 사람을 떠올리게 하는 곡들을 정해 두고서 플레이리스트에 담아 두는 것이다. 그날을 기억하게 하는 음악은 하나의 책갈피가 되어 그때로 되돌리는 힘을 가진다.

힘이 들고 지칠 때는 잠시 음악에 나 자신을 맡겨 보는 것도 좋다. 몸은 떠나지 못하더라도, 내 영혼은 잠시 그 순간, 그곳을 떠날 수 있으니 말이다.

중요한 일로 긴장이 되거나 감정이 요동쳐서 힘들 때에는 나 자신에게 노래를 불러 주는 것도 좋다. 마치 남에게 불러 주듯이 덤덤하게 부르고 나면 마음이 말랑해진다. 예전에는 길을 걸으면서 노래를 흥얼거리는 아저씨들을 보면 왜 저러나 싶었는데, 이제 그들의 마음을 이해할 때가 되었는지도 모르겠다. 가사가 그렇게 구슬펐던 건 다 이유가 있는 것이었다.

내 인생에서 변하지 않고 반짝이는 것들은 무엇일까. 그런 것들을 가득가득 모아서 힘들고 지친 날에 꺼내 보자. 그것은 철 지난 옛 노래일 수도, 한 구절의 문장일수도 있을 것이다.

나 자신을 알아 가는 시간

Q. 내가 가장 좋아하는 곡은?
어떨 때 많이 듣나?

내 인생의 멘토

어떤 멘토를 만나는가에 따라서 나의 인생이 결정된다.
화려한 앞모습이 아닌,
믿고 따라갈 만한 묵묵한 뒷모습을 보여 주는,
나에게 그런 사람은 누구인가?

60, 70년대에 한국인들이 미국으로 이민 가던 시절에는, 공항에 마중 나오는 사람의 직업에 따라서 인생이 결정된다는 말이 있었다. 어린 시절, 이런 이야기를 들었을 때는 그게 무슨 소리지 싶었었는데, 나이가 들어 보니 절로 고개가 끄덕여진다. 아는 사람 한 명 없는 타지의 공항에서 내게 손을 내밀어 주고, 나 역시 믿고 손잡을 수 있는 존재. 과연 나에게는 그런 사람이 있을까. 그런 사람이 있다면 얼마나 좋을까.

사는 게 안갯속을 걷는 것 같은 기분이 들 때가 있다. 누구의 손이라도 잡지 않으면 마치 수렁으로 빠져 버릴 것만 같은 순간. 혹은 너무나 중요한 선택의 기로에서 조언이 필요한 상황. 내 머리로는 해답을 내릴 수 없는 상태. 그럴 때 필요한 것이 멘토다.

내 인생의 멘토는 누구일까. 내가 믿고 따라갈 만한 사람은 누구인가. 정말 누군가 내 일을 자기 일처럼 같이 기뻐해 주고 걱정해 줄 한 사람이 있다면, 또 그의 인생을 바라볼 때 그 뒷모습을 따라갈 만하다고 느껴진다면 얼마나 든든할까.

나이는 많지만 닮고 싶은 구석은 하나도 없단 생각이 드는 어른들도 많다. 나이를 먹을수록 자신보다 어린 사람에게서도 배울 부분을 찾고 고개를 숙이는 일이 얼마나 어려운지 깨닫게 된다. 그래서 나는 자신의 나이, 그 숫자에 사로잡혀 있지 않은 사람을 발견할 때면 그의 삶에 관심이 간다.

말을 많이 하기보다는 다른 사람의 이야기를 잘 들어주고, 과거의 삶과 현재의 행동으로 자신의 소신을 보여 주는 어른.

작은 약속도 소중하게 여기고, 자기 분야에 있어서는 최고가 되고자 높은 자리에서도 끊임없이 배우려고 애쓰는 사람. 무엇보다 내가 지금 그의 나이가 되었을 때 저런 모습이고 싶다는 생각이 든다면, 나는 그분을 멘토로 삼고자 한다.

마흔을 앞둔 나에게는 몇 명의 멘토가 있다. 인생의 작은 문제도 혼자서 풀리지 않을 때에는 그들을 만나 이야기를 나눈다. 그들은 늘 내가 생각할 수 있는 그 너머의 시선으로 실마리를 내어 준다. 그들과 만나고 돌아오는 길의 발걸음은 언제나 가볍고, 시선은 새로운 도전을 향해 있다.

그들이 걸어갔던 발자국을 밟는 것만으로도 마음 한 편이 든든하다. 나를 채울 특별한 힘이 필요할 때에는 새로운 에너지로 가득한 누군가를 찾아가는 것이다. 그를 둘러싸고 있는 마법 같은 힘을 조금 얻어 오면 세상이 다르게 다가온다.

나를 위한
특별한 날

엄마의 뱃속에서 태어난 내 생일 말고,

내가 스스로 정하는 날.

'나의 날'을 만들고 주도적으로 살아가는 것.

그리고 그날을 오로지 나만을 위한 시간으로 꽉 채우는 일.

1년 365일 중 '나를 위한 특별한 날'이라고 할 만한 날은 언제일까. 아마도 자신의 생일이라고 대답하는 이들이 많을 것이다. 그런데 왜, 그 단 하루만이어야 하는 걸까? 심지어 생일날 조차도 일과 학업에 치여 나만의 날로 보내지 못할 때도 있다.

2020년 12월 3일은 나에게 무척이나 특별한 날이다. 처음으로 내가 정한 나의 날이기 때문이다. 그 후 매달 3일에는 나 자신을 위한 모험을 떠난다. 평소에 가보지 못했던 좋은 식당에 가서 나만을 위한 만찬을 즐긴다든지, 인생에서 중요하게 생각하는 분들을 찾아가 점심을 대접한다든지 하는 식이다. 기차를 타고 다른 도시로 훌쩍 떠났다가 돌아오기도 한다. 그 날은 최대한 나만을 위해 시간을 보낸다.

두 달 전의 나의 날에는 비가 무척 많이 내렸다. 무작정 지하철을 타고 하염없이 잠실에 갔다. 평일 낮, 텅 빈 영화관에서 영화를 보고 밖으로 나오니 쇼핑몰이 적막하리 만큼 고요했다. 천천히 걸으면서 옷 구경도 하고 예쁘게 담긴 디저트들을 먹기도 했다. 혼자가 주는 마음의 여유라니. 옆에서 재촉하는 사람도 없고 서둘러야 할 이유도 없었다. 높은 곳에 올라가서 석촌 호수 위로 쏟아지는 빗방울들을 한참이나 세었다. 집으로 돌아와 아이들의 반가운 목소리를 들으니 다시 현실로 돌아온 기분이었다. 한참 동안 머물러 있던 마음의 고요함은 나를 더 단단하게 만들어 주었다.

나의 날은 다른 사람들은 뒤로 제쳐 두고 오로지 내 생각만 하는 날이다. 무슨 일이 있었는지, 어떤 인사이트를 얻었는지 기록해 두고 그 다음의 나의 날에 다시 읽어 보면 새로운 열정이 샘솟는다. 새로 산 달력에 내 생일 단 하루만 동그라미를 치는 것이 아니라 열두 번의 특별한 날이 더 생기는 셈이다. 한 달이 시작될 때마다 나의 날을 기대하는 나를 발견한다.

평범한 하루라 하더라도 그날의 일상은 다른 의미로 다가온다. 세상 모든 것들이 나를 위해 존재하는 것 같은 멋진 날. 당장 달력을 꺼내서 마음에 드는 숫자에 동그라미를 쳐보자. 그리고는 제일 하고 싶었던 일을 그 밑에 적어 넣는 것이다. 그날 만날 사람은 '나의 날'에 만나기에 더욱 특별한 사람이 되고, 그날은 남은 한 달을 살게 하는 원동력이 되어 줄 것이다.

나에게 주는
선물

특별한 선물을 하기 위해서는
상대에게 무한한 관심이 필요한 법이다.
나에게 좋은 선물을 하기 위해서도
내가 진정으로 원하고 필요한 것이 무엇인지
관심을 갖고 관찰해야 한다.

남에게 선물하기를 좋아하는 사람이 있다. 늘 만날 때마다 "네 생각이 나서 가져와 봤어."라고 말하며 빈손으로 나타나지 않는 사람. 값을 떠나서 오늘 만날 내 생각을 하며 무엇이 필요할까 고민했다는 그 정성에 감동한다. 고민의 흔적이 느껴지는 선물 속에는 애정이 듬뿍 담겨 있다.

상대방의 마음에 드는 선물을 찾기 위해서는 늘 관심을 가져야 한다. 최근에 어떤 것에 빠져 있는지, 무엇을 좋아하는지. 책을 한 권 선물하는 것도 정성이 필요하다. 그가 특별히 좋아하는 작가가 누구인지 생각해 보고, 그와 같은 결의 글을 쓰는 사람은 또 누가 있는지 미리 읽어 보거나 서평을 찾아보고 결정해야 한다. 그러기에 소박한 선물처럼 보이지만 간단한 일은 아니다.

내가 쓸 것이라고 생각하면 가끔씩 값싼 것을 골라 버릴 때가 있다. '무엇을 사는 게 좋을까?' 고민이 될 때는 '내가 좋아하는 이에게 선물한다면 뭐가 좋을까?'라고 스스로 반문해 본다. 그리고는 다시 질문한다. "갖고 싶은가? 아닌가?"

좋은 것을 나에게 안겨 주는 것도 나를 사랑하는 또 다른 방법이라고 믿는다. 메뉴를 고르거나 영상과 같은 컨텐츠를 선택할 때도 마찬가지이다. 우리의 몸과 영혼에 가장 건강하고 아름다운 것들을 담을 수 있게 고민해야 한다. 귀하고 값진 것들을 내팽개치면서 불평불만을 입에 달고 살 때가 있다. 결국 선택은 내가 했으면서 말이다.

가끔은 예쁘게 차려 입고 백화점에 가는 나와의 특별한 데이트를 하는 건 어떨까. 백화점에서 딱 하나만 사야 한다면 뭘 사고 싶은지 나에게 물어보는 것이다. 꼭 무엇인가를 사지 않는다고 하더라도, 언젠가 내 자신에게 선물을 하겠다는 마음으로 그 시간을 즐기면 그 자체만으로도 행복할 것이다.

나 자신을 알아 가는 시간

**Q. 내가 나에게 선물한 것 중 가장 기억에 남는 것은?
없다면, 내가 지금 가장 받고 싶은 선물은?**

하루의 기록,
일기

사람들은 타인의 성장을 엿보기 원하기 때문에
기록은 나를 하나의 브랜드로 만들어 줄 수도 있다.
블로그도 좋고, 일기장도 괜찮으니
내가 나아가는 매일을 조금씩 기록해 두자.
한참을 걷다가 뒤돌아보면
내가 걸어온 시작점이 저 멀리 보일 것이다.
내 길이 누군가의 이정표가 될지도.

오늘은 과거의 수많은 내가 만들어 낸 결과이다. 미래의 내 모습 한 편에는 오늘의 내가 묻어 있다. 내가 어떻게 살았는지, 어떻게 살고 있는지 알고 싶다면 예전의 기록을 읽어 보면 된다. 일기를 읽는 것은 지금의 나를 이해하는 데 유용하다.

내 삶에서 반복되는 상처가 무엇인지도, 어떤 일을 통해 자신감을 갖게 되었는지도 발견할 수 있기 때문이다.

매일 아침 일어나 산책을 다녀온 후, 책상에 앉아서 노트를 펼친다. 어떤 목표를 가지고 살고 있는지 확인하고, 오늘 무엇을 할지, 어떤 기분으로 하루를 맞이했는지를 적어 둔다. 종종 빼먹을 때도 있는데, 그런 날은 어김없이 어영부영 지나간다. 하루를 미리 그려 보고, 하루를 돌이켜 보는 일은 내 삶이 방향성을 가지고 정교하게 나아가게끔 만든다.

어떨 때는 어제와 오늘이 너무 같아서 매일이 ctrl+C, ctrl+V를 무한 반복하는 기분이 들 때도 있다. 그럴수록 제대로 가고 있는지 체크하기 위해서라도 일기를 쓴다. 조용한 가운데, 오늘을 어떻게 살아갈지 간단하게 적어 보는 것이다.

자동차에 시동을 걸고 출발하기 전 네비게이션에 목적지를 입력하는 것처럼, 매일 아침의 이 시간은 하루를 온전하게 보내기 위한 나만의 의식인 셈이다. 꼭 부와 명예를 얻는 성공을 위해서가 아니라, 삶의 궤적을 그리고 그 방향을 따라가기 위해서 필요한 과정이다.

　주식을 하는 사람들은 매매일지를 쓰고, 다이어트를 하는 사람들은 식사일기를 쓴다고 한다. 사람들은 자신의 행동이 이성에서 비롯되었다고 믿고 싶어 하지만, 감정에 의한 것이 대부분이다. 있었던 일은 사실로 남지만 순간의 감정은 변질된다.

　기록은 단 한 번의 순간을 글자로 박제해 두는 것이다. 예전에 필름으로 사진을 찍을 때는 한 통으로 찍을 수 있는 사진이 한정되어 있어서 꼭 찍고 싶은 장면을 정성껏 찍었다. 글을 쓰는 동안에는 머릿속에서 생각이 정리되는 과정, 시간이 요구되기 때문에 글에도 정성이 필요하다.

　나의 오늘을 기록하는 데 하루의 일부분을 할애해 보는 건 어떨까.

멀리 떠나는 여행

머물고 있는 곳에서 떠나는 일

지금의 나는 이곳에 남겨 놓고,

새로운 나를 만나러 떠나는 여행.

설레임은 별책 부록이다.

한 번도 가보지 못한 역으로 도착지를 정한다. 정해진 시간이 되면, 기차가 덜컹하며 움직이기 시작한다. 그 순간부터 나는 일상에서 벗어나기 시작한다. 기차의 역방향 좌석에 앉아 있으면 새로운 장면이 펼쳐진다. 비디오테이프의 뒤로 감기처럼 등 뒤에서 밀려오는 풍경을 보고 있노라면, 과거로 돌아가는 기분에 사로 잡힌다.

스스로에게 새로운 것을 원할 때, 혹은 도무지 풀리지 않는 고민이 있을 때면 훌쩍 기차 여행을 떠난다. 익숙한 것에서 멀어지면 멀어질수록 많은 것들이 선명해진다. 나 자신에게 물어보고 싶은 것도, 그 대답도, 내 안에 있음을 발견하게 된다.

스물세 살 때쯤 혼자서 대천 해수욕장을 간 적이 있다. 아마 졸업 후 무엇을 하면 좋을지에 대한 고민이 많았던 때였을 것이다. 평일날 을씨년스럽기까지 한 늦가을의 해수욕장은 주인을 잃어버린 공간처럼 황량했다. 바닷바람이 불어와 옷깃을 파고들자 여기까지 나를 이끌고 온 걱정, 고민들과 더욱 오롯이 마주하게 되었다.

글을 쓰는 사람이 되고 싶다고 마음 먹었던 중학교 시절의 내가 생각나고, 그 꿈을 이루기 위해 뒤도 돌아보지 않고 달려왔던 지난날이 떠올랐다. 하지만 글을 쓸 만큼 내 인생에 깊이가 있다고 말하기는 힘든 스물 더하기 몇 살. 조금은 많은 것들을 경험하고 사람들을 만나야겠다는 생각을 하며 바닷가를 걸었다.

무엇인가를 결정해야 할 것 같은 기분이 들 때. 이렇게 사는 건 아닌 것 같다는 고민이 자꾸만 뒤따라올 때는 어디론가 혼자 떠나는 것도 좋을 것이다. 옆에서 떠드는 이 없이 내 앞에 맴도는 질문들을 대면하는 것이다. 돌아올 때는 새로운 마음으로 올 수 있게끔 제대로 묻고 답하는 것이 이 여행의 제일 중요한 부분이다.

한 번도 가보지 않은 도시로 떠나는 여행. 관광지가 아닌 곳에 내려 즉흥적으로 역사 앞 광장에 오는 버스를 타고 발길 닿는 대로 가는 상상. 그 공간 속에서는 모든 것이 낯설고 오로지 나 자신만이 익숙한 존재일 것이다. 휴대폰은 잠시 넣어둔 채, 아는 이들과의 연락은 잠시 접어 두는 것은 기본이다.

익숙하지 않은 풍경들을 보면서 스스로에게 물어보면 어떨까. 지금 가져온 그 질문이 내 삶을 얼마나 뒤흔들고 있는지. 이런 걱정 근심이 그 문제를 바꿀 수 있는 것인지. 나는 매일을 사는 대로, 살던 대로 보내고 있느라 소중한 내 인생을 낭비하고 있는 것은 아닌지.

◆ ◆ ◆ ◆
때로는
또 다른 나

영화 속 풋풋한 청춘 남녀가 사랑에 빠져서 열병을 앓다가 이런저런 이유로 이별한다. 한 명은 겨우 마음을 추스리지만, 다른 한 명은 아픔을 달래기 위해 술도 마시고 친구도 만나며 실연의 고통에서 허우적댄다. 비가 내리는 날, 다시 옛 연인을 찾아가지만 만나지 못하고 비에 흠뻑 젖어 하염없이 걷는다.

드라마에서 한 번쯤은 봤을 법한 장면이다. 옷이 다 젖을 정도로 비를 맞으면 어떤 기분이 들까. 해가 뜨는 바다를 달리면 가슴이 벅찰까. 에펠탑이 보이는 파리의 어딘가에서 사랑하는 사람과 키스를 나누는 건 어떨까. 상상만 해보고 한 번도 실행을 해보지 않은 것이 있다면 적어 보자. 엉뚱해도 괜찮다. 이왕이면 영영 죽을 때까지 해보지 않을 것 같은 것도 써보자.

생각만 해도 웃음이 터지는 추억이 있다면 무엇일까. 즉흥적으로 이렇게 해볼까 하면서 누군가와 함께 했던 일 중 생각나는 하나는, 대학 시절 중간고사가 끝난 평일의 어느 날, 대구에 있는 친구와 즉흥적으로 대전에서 만나 놀이동산에 갔던 일이다. 텅 빈 놀이동산에서 둘이 만나 신나게 놀았던 기억. 롤러코스터가 너무 무서워서 어서 내리고 싶다는 마음뿐이었는데, 뒤에 줄을 서 있는 사람들이 없던 탓에 직원이 멈추지 않고 바로 한 번 더 타게 해줬던 그런 재미있는 추억이었다.

이런 특별한 기억은 종종 떠올리는 것만으로도 새로운 기분에 휩싸이게 하는 마법 같은 힘을 지니고 있다. 한 번쯤은 '내가 정말 그랬단 말인가?' 싶을 만큼 때로는 생각지도 못한 행동으로, 계획하지 않은 일들로 일상에서 달아나 보면 좋을 것 같다.

살던 대로 살기에는 우리 인생이 너무 짧다. 때로는 내가 아닌 사람처럼, 평소에 남들이 생각하는 내가 아닌 또 다른 나로 살아 보면 어떨까. 그러다 보면 만나지 못했던 색다른 나를 마주할 수 있을지도 모른다.

내가 사랑하는
풍경

"사람이 죽는 마지막 순간에는 자기가 이번 생에서 보았던 가장 아름다운 풍경이 펼쳐진대. 너는 그게 어떤 순간이면 좋겠어?"

어느 날 친구가 뜬금없이 나에게 물었다. 죽는 건 참 무서운 일일 텐데 아름다운 장면을 보여 준다면 덜 무서울거라며. 그 후로 여행을 다닐 때면 멋진 풍경이 펼쳐질 때마다 내 눈 안에 담으려고 노력했다. 죽는 순간에는 이 장면이면 좋겠다고 중얼거리면서.

길을 걸으면서도 휴대폰을 들여다보는 데 익숙한 삶을 살다 보니 하루에 한 번 하늘을 올려다보는 일도 쉽지가 않다.

길가에 피어 있는 꽃들도 눈길을 주지 않고 지나칠 때가 많다. 계절감을 자연보다도 옷장의 옷에서 만나는 기분이다.

세상의 아름다운 풍경을 내 마음속에 얼마나 많이 담아 두었는지 생각해 본다. 죽는 순간에 보고 싶다고 중얼거렸던 장면들에도 늘 순위를 매겨 둔다. 서른 살 전까지는 유럽 여행에서 봤던 베르사유궁전의 뒷뜰이 내 마음속 1위였다. 나무가 우거져 있던 숲길을 자전거를 타고 가로지르는 그 기분이란, 상상 그 이상이었다. 몇 번이나 중얼거렸던 기억이 난다.

"이 풍경이에요. 저는 이걸로 하겠어요."

여행을 마치고 집으로 돌아올 때면 사진을 찍느라 미처 눈에 담지 못했던 것들이 떠오른다. 남겨 둬야 한다는 생각에 사로잡히다 보면 카메라 뒤편의 손바닥만한 프레임 속 풍경만 들여다보게 된다. 언제부턴가 나는 여행에 가서 사진을 찍는 일에 조금 시들해졌다. 내 머릿속에 눈에 꽉꽉 담아 오려고 노력하고, 수첩을 꺼내서 그 순간의 기분을 적어 둔다. 메모를 읽다 보면 어떤 풍경이있는지 떠오르기 때문이다.

친구들 혹은 가족들과 여행을 가면 돌아오면서 무엇이 가장 인상 깊었는지 대화를 나누다 보면 즐거워진다. 같은 공간에서 각기 다른 것들을 발견하고 돌아온다. 모두와 함께 하는 순간에도 나 자신과 단둘이 보내는 시간에는 소홀할 수 없다. 나만이 소중하게 여기고 싶은 것들을 찾아내는 기쁨. 내 마음속 한 편의 비밀처럼 간직하는 행복이기에.

죽기 전에 보게 될 그 풍경에는 사람들은 없고 그 공간만 덩그러니 있다고 한다. 하지만 그곳에 머물렀던 가슴 벅찬 행복이 떠오를 것 같다. 나 자신과 두런두런 이야기를 나누면서 "지금 이 순간이야!"라고 중얼거렸던 그날의 나. 그때의 내가 그 풍경과 함께 떠오른다면 참으로 행복할 것 같다.

나 자신을 알아 가는 시간

Q. 나는 지금의 내 삶에 얼마나 만족하는가?

네잎클로버의 '행운'
세잎클로버의 '행복'
당신은 아직도 네잎클로버만 찾고 있나요?

네잎클로버를 찾느라
무심히 보던 세잎클로버
나의 행복을 가까운 곳에서 발견하기를.

Chapter 4

불러 봐요,
나만의 노래

나를 즐기기

나만을 위해 준비되어 있는 노래.

내 목소리로만 부를 수 있어요.

나만의 단 하나의 선율이 세상에 흘러 나가도록 하는 건 어떨까요.

아주 작은 소리라도 좋아요.

하지만 지금껏 누구도 들어 본 적 없는

특별한 곡일 거예요.

나만의 노래를 불러 보세요.

우리 더 이상은 관객으로 머물지 말아요.

내 인생의
해답

나 고민이 있어.
그 말 속에는 이미 해답도 있다는 뜻.

친구를 만나면 으레 고민 이야기가 나오기 마련이다. 네가 아니면 이 고민을 해결해 줄 수 있는 사람이 없을 것 같다는 말도 꼭 덧붙이면서 이야기를 꺼낸다. 재미있는 건, 그저 들어 줬을 뿐인데 결국 문제의 해답도 친구의 입에서 나온다는 사실이다. 나에게 고민을 털어놓는 건 결국 자신이 내린 결론에 내가 동의를 해줬으면 좋겠다는 마음인 경우가 많다. 헤어질 때는 고민을 해결해 줘서 고맙단 말을 하며 손을 흔든다.

우리는 인생이라는 이 멋진 공연을 지켜봐 주고, 절망에는 함께 울고 주인공을 향해 무한한 박수를 쳐줄 관객이 필요한 건지도 모르겠다. 하지만 그들은 그저 나를 지켜볼 뿐이다. 솔직히 말해 마지막 순간까지 나와 함께할 존재는 결국 '나 자신'뿐이다. 내 인생은 나만 불러야 하는 독창일지도 모른다. 합창처럼 보이지만 모두 입만 뻥긋거릴 뿐이고, 내 목소리만이 울려 퍼지는 것이다. 그러니 쭈뼛거리면서 망설이지 말자.

다른 사람 인생의 엑스트라로 사는 기분이 들 때도 있다. 카메라가 나는 비추지 않고 내 친구만 비추는 기분. 대사도 없고 그냥 지나가는 행인1이 되어서 이렇게 끝나 버릴 것 같은 영화. 하지만 그것은 내가 주인공의 기분으로 길을 걷고 있지 않아서다. 카메라가 나를 비춰 줄 때까지 기다리지 말고, 그냥 그 앞으로 걸어가자. 이 영화의 주인공도, 감독도 나라는 사실을 잊어버리면 안 된다.

남을 의지하지 말라는 게 아니다. 내 안의 무한한 생각과 지혜를 간과하지 않기를 바라는 것이다. 아무리 힘든 순간에도 가장 확실한 것은, 그 해결책이 결국은 나에게 있다는 사실과 상황을 헤쳐 나갈 주인공은 바로 '나'라는 것이다. 그리고 내 머리 위로 스포트라이트가 비추고 있다는 것이다.

부디 내 안에서 나에게 필요한 해답을 찾을 수 있기를 바란다. 문제 상황은 나의 놀라운 능력을 발견할 수 있는 절호의 찬스인 셈이다.

친구

나 자신을 소중히 여기기 위해서는
타인과 적당한 거리를 두는 지혜가 필요하다.

조금 극단적이긴 하지만 세상에는 두 가지 부류의 사람이 존재하는 것 같다. 친구가 너무나 중요한 사람과 그렇지 않은 사람. 명실상부 나는 전자에 가까운 사람이다. 내일이 당장 시험이라고 해도 친구가 전화로 "네가 꼭 필요해!"라고 말하면 망설이지 않고 뛰쳐나가는 타입이랄까. 어떨 땐 "내가 필요하지 않니?"라고 먼저 전화를 할 때도 있다.

인간관계에 신경을 많이 쓰다 보면 당연히 지치는 순간이 온다. 사람을 좋아하는 나도 이런데, 후자에 해당하는 사람들은 얼마나 고민이 많을까.

　재미있는 사실이지만, 나와 친한 친구들 중 넓은 인간관계에 관심이 있는 사람은 한 명도 없다. 입을 모아 모두가 하는 말이 '나한테 믿고 이야기할 수 있는 사람은 너 하나뿐이야'이다. 성향이 정반대인 친구들의 고민거리는 대체적으로 이런 것들이다. 친해지고 싶지 않은 사람이 적극적으로 다가와서 부담스럽다거나 가까운 사람이라고 믿고 있었는데 그 사람은 나를 그렇게 생각하고 있지 않아서 속상하다거나.

　세상에서 가장 소중하게 여겨야 할 존재는 바로 '나 자신'이다. 복잡하고 골치 아픈 인간관계는 한 번씩 정리하는 게 좋다. 쉽게 해볼 만한 방법이 두 가지가 있다.

　첫 번째는 가운데 점을 찍고 번져 나가는 동심원을 그려 보는 것이다. 그리고 그 점 위에 자신의 이름을 적어 넣고, 소중한 사람들 순으로 가장 안쪽의 원부터 바깥쪽으로 써나간다. 각 원에는 무엇을 같이 할 수 있을지도 적어 보자. 같이 차를 마실 수 있는 정도부터 같이 며칠 동안 여행을 갈 수 있는 정도까지 각기 다를 것이다. 때로는 이렇게 나와의 거리를 분별해 두는 것만으로도 마음 가볍게 인간관계를 이어 갈 수 있다.

두 번째는 메신저의 친구 목록에 열 명 정도만 남겨 두는 것이다. 정말 꼭 연락해야 하는 사람이나 가깝게 두고 싶은 사람들만 심사숙고해서 정해 보자. 사람들에게 분산되는 에너지를 줄일 수 있다. 친구 목록에 있는 이들에게 특별한 관심을 쏟아 보면 내가 정말 챙기고 아껴야 할 사람이 누구인지 더욱 선명하게 알 수 있다.

가장 많은 시간을 보내고 있는 내 주위의 다섯 명. 그 평균이 '나'라는 말이 있다. 그들을 살펴보면 나에 대한 힌트가 나올지도 모른다. 우리가 어떤 것에 열광하고 있는지, 주로 하는 대화는 무엇인지, 어디서 어떻게 만난 관계인지, 앞으로는 무엇을 나누면서 살아갈 것인지 등과 같은 것들 말이다. 내가 살아가고 싶은 방향과 일치하는지도 고민해 볼 일이다. 그렇지 않다면 새로운 만남을 준비해야 할 타이밍인지도 모른다.

내가 타인에게 어떤 에너지를 주고 있는지도 고민해 볼 일이다. 좋은 영감을 주는 이도 있고, 불평과 불만, 절망의 메시지만을 전달해 주는 사람도 있다. 내 주위를 좋은 사람으로 채우고 싶은 만큼, 나 역시 좋은 에너지를 줄 수 있는 사람이 되도록 노력해야 한다.

Basecamp
(베이스캠프)

거친 산을 오르는 것과 같은 삶 속에서

나는 어떤 베이스캠프를 가지고 있는 걸까?

누군가의 베이스캠프가 되어 줄 준비는 돼 있는가?

    네팔에 머물렀을 때 히말라야산을 오른 적이 있다. 현지 사람들을 싣는 버스를 타고 하염없이 산길 위를 달렸다. 살아있는 닭이 버스 안에서 날아오르는 바람에 모두가 비명을 지르며 웃었던 기억이 난다. 귀가 먹먹해질 정도의 높은 곳에 도착했는데도 여전히 등산이 시작되지 않은 것 같아서 어리둥절했었다.

히말라야를 경험한 후, 우리의 삶 속에서도 베이스캠프가 필요하다는 생각이 들었다. 베이스캠프란 정상이라는 목표를 향해 갈 때 어디로 가야 할지 방향을 잡고, 힘들고 지칠 때 다시 에너지를 회복하는 장소이다. 더는 한 발짝도 내딛을 수 없을 것 같을 때, 우리는 어디에 머물러서 휴식을 취하고 있는 걸까. 과연 나의 베이스캠프는 어디인 걸까?

나에게 있어 가장 편안한 베이스캠프는 엄마이다. 늘 안아 보면 그 모습 그대로인 사람. 전쟁 같은 세상 속에서, 차갑게 얼어붙은 바람을 마주하다가도 그 품은 늘 따스하다. 내가 어떤 모습이든 온전히 있는 그대로 나를 바라봐 주는 존재. 우리가 가장 연약하고 작았을 때부터 돌봐 주었을 뿐만 아니라, 몸 안의 공간을 빌려주기도 했던 이. 내가 태어나려던 그 순간에는 죽는 것도 마다하지 않았던 사람.

잘할 수 있을 거라 믿었던 일에 점점 자신감을 잃어갈 때면 엄마에게 전화를 한다. 늘 씩씩한 목소리를 들으면, 지난했던 엄마의 삶이 떠오른다. 세상이 절망을 택배로 보내 주어도 반품이나 환불을 하지 않고 반드시 새로운 것으로 만들어 낼 듯

한 그 모습에 '무섭다'를 중얼거렸던 적도 있었다. 그런 엄마가 "잘할 수 있을 거야! 결국 인생은 총천연색이니까 살아 볼 만 해!"라고 말해 줄 때면 무한한 긍정 에너지를 얻게 된다.

나만의 베이스캠프를 찾아야 한다. 그곳은 엄마가 아닐 수도 있다. 힘들고 지칠 때 만나면 그저 말없이 옆에만 있어도 좋은 사람. 헤어지고 돌아오는 길에는 마음 한 편이 뜨끈해지고 다시 잘 살아 봐야겠다는 마음을 갖게 만드는 사람. 누군가 떠오르는 이가 있다면 그는 참 소중한 사람이 아닐까.

나이가 들면서 무조건적으로 나를 사랑해 주던 이가 한 명씩 세상을 떠나는 경험을 한다. 그리고 내가 사랑하고 돌봐야 할 이들이 늘어난다는 사실에 자꾸만 놀라게 된다. 아이들을 키우면서 부모의 마음을 더듬어 본다. 과연 내가 이들의 삶 속에서 단단한 베이스캠프가 되어 줄 수 있을지 자문해 보는 것이다. 하려던 일마다 실패해서 자포자기에 빠진 아이에게 나는 어떤 위로를 해줄 수 있을까.

나의 베이스캠프에서 얻었던 에너지를 남에게 다시 전해 줄 수 있다면 좋겠다. 에너지 보존의 법칙처럼 따스한 에너지는 새로운 모습으로 나타났다 사라졌다를 반복하며 세상 속에서 사람들을 지켜 나가고 있는 건지도 모르겠다.

안 돼요,
안 돼!

내가 진짜 원하는 것만 말하는 연습이 필요하다.
과거의 내가 했던 대답과 결정이
지금의 나를 만들었음을 잊지 말자.

    우리는 남에게 받고 싶은 대로 남을 대한다. "아니!"라고 말하기 힘든 사람은 남에게 그 말을 듣는 게 어려운 사람인지도. 나답게 살기 위해서는 내가 원하는 것이 무엇인지 확실하게 아는 것도 중요하지만, 나 자신의 의견을 정확하게 잘 말할 수 있는 능력도 필요하다. 남의 제안이 호의든 아니든 내가 원하지 않는다면 거절할 줄도 알아야 하는 것이다.

본격적으로 사업을 배우러 간 친구가 말하기를, 성공한 사업가가 제일 먼저 시킨 일이 편의점에 들어가서 엉뚱한 부탁을 하는 것이라고 했다. 물을 외상으로 좀 가져가도 되겠냐부터 물건 하나만 더 주면 안 되냐, 깎아 달라와 같이 상대방이 "안 됩니다"라고 대답할 만한 것을 말하는 것이다. 처음에는 도저히 입이 안 떨어졌는데, 거절이 반복되다 보니 익숙해졌다고 한다. 나중에는 거절 받을 부탁을 더 대담하게 하게 되었다고 한다.

나의 유일한 대변인은 나 자신이다. 대통령이 자신의 대변인을 고심해서 뽑고 훈련을 시키듯, 우리 역시 자신을 잘 표현하기 위한 연습이 필요하다. "아니!"라고 말하고 미움을 받는 데 익숙해져야 한다. 남에게 어떤 사람으로 보일지도 중요하지만, 어떤 사람으로 살아가야 할지는 그 이상으로 중요하다.

내가 내리는 결정이 결국 나를 세상의 어느 위치에 놓이게 만든다. 지금 나는 과거의 수많은 결정의 결과물인 셈이다. 결정을 내리고 대답해야 할 일이 하루에도 수십 번이다. 앵무새처럼 생각 없이 대답하지 않도록 늘 자신의 마음을 들여다보

자. 세상이 다른 사람들과 똑같은 모습으로 나를 맞추려고 할 때 손을 들고 "안 돼!"라고 말할 수 있는 내가 되기를.

♦ ♦ ♦

그런 사람
또 없습니다

힘들면 언제든 도움을 요청할
내 편이 있는지 생각해 보자.
그리고 나는 누구의 편인지도.

중학교 3학년 때 내 짝은 소위 말하는 노는 애였다. 수업 시간에 엎드려지기 일쑤였고, 방과후에는 친구들과 패싸움을 하기도 하는 모양이었다. 처음에는 막연히 두려워서 매일 긴장하며 등교했다. 성적도 전교 맨 뒤에서 첫 번째, 두 번째를 오가는 식이었는데 의외로 수업 시간에는 열심히 필기를 할 때도 있어서 특이하단 생각을 했었다. 어느 날, 내가 옆 반 아이의 괴롭힘 때문에 책상에 엎드려서 우는 것을 보고는 짝이 밖으로 뛰쳐나갔다. 음악실에서 돌아오는 때였을까. 그 아이가 말없이 내 손을 꼭 잡아 주면서 그러는 거였다.

"나는 네 편이야. 걱정하지마."

그 든든함은 진정으로 낯설고도 어색한 일이었다. 누군가가 나를 걱정하고 염려해 준다는 사실. 그 소문의 사실 여부도 중요하지 않고 네가 우는 걸 보니까 내가 속상하더라는 말. 그 속마음이 느껴져서 가슴 한 편이 시큰해졌다.

세월이 훌쩍 지났지만 속상한 일이 있을 때마다 그날의 장면이 내 머릿속에 스쳐 지나간다. 조그만한 손이 내 어깨에 와 닿던 순간은 내 마음속에서 여전하다. 그리고 나는 그 아이의 편이라고 할 만했던 때가 있었는지 생각해 본다.

누군가의 편이 된다는 것은 어려운 일이다. 시비가 붙었을 때 나서서 싸워 주지는 못하더라도 내 뒤에 서 있어 줄 사람. "쫄지 마, 내가 있잖아."라고 말해 줄 누군가가 있는가. 내 편이라고 할 만한 사람은 과연 내 인생에 몇 명이나 있을까.

도저히 내 힘으로 감당할 수 없는 일이 펼쳐지면 잠시 생각을 멈추고서 무조건 내 편을 들어줄 만한 사람들 이름을 적어 본다. 그렇게 이름을 적어 두고 쳐다보고 있다 보면 알 수 없는 에너지가 밀려온다. 그러다가 결국은 감상에 젖어 영문 모를 메시지를 보내게 되지만.

상대방의 좋은 에너지를 빼앗아 가는 사람을 '에너지 뱀파이어'라고 부른다. 내가 그런 사람이 될 수는 없는 노릇. 나 역시 누군가 힘든 날 나를 떠올렸을 때 긍정의 기운를 듬뿍 받을 수 있는 영원한 아군이고 싶다.

나 자신을 알아 가는 시간

Q. 내 편이라고 말할 수 있는 사람들은 누구인가?

할 수 있어

누군가를 실망시켰다는 사실은 고통스럽다. 미국 유학을 가서 대학원에 합격하고서도 포기하고 돌아왔을 때, 어렵게 유학을 뒷바라지하셨던 엄마를 절망으로 밀어 넣은 것 같아서 죄송한 마음이 들었다.

그 당시 엄마는 미국에서 돌아온 나를 보니 세상이 무너지는 것 같다는 말을 했었다. 갑자기 시력이 나빠져서 앞이 잘 안 보이고 돋보기가 필요해진 것 같다고도. 극심한 스트레스로 인한 것이라는 말에 내 마음이 편할리 만무했다. 그때 친하게 지냈던 한의사 친구가 내 고민을 듣더니 한마디 툭 하고 던지는 것이었다.

"어머니 노안이 늦게 오셨네. 네가 지금까지 말을 참 잘 들었었나봐."

실망은 결국 기대한 사람의 몫이라는 것을 그때 깨달았다. 그렇기에 타인의 실망에 내가 너무 고통 받을 필요가 없다는 것도.

내 자신이 실망스럽다면 스스로에 대한 그 실망감이 어디에서 온 것인지 들여다볼 필요가 있다. 타인이 자신의 짐을 기대라는 이름으로 우리의 어깨에 올릴 때, 못 이기는 척 받아들여서는 안 된다.

자기 계발서에서는 자신에 대한 믿음이 사라질 때, 아주 사소한 일들의 반복을 통해 나와의 신뢰를 다시 쌓으라고 조언한다. 자고 일어나서 베개 똑바로 놓기와 같이 간단한 것부터 나와의 약속으로 삼고 지켜 나가 보는 것이다. 그것이 한 달이 되고 백일이 되면 스스로가 달라 보인다. 더 큰 것도 꾸준히 할 수 있는 힘이 다시금 생기는 것이다.

무기력 할 때는 매일 아침 노트를 펼쳐서 '나는 무엇이든 할 수 있다'를 한 번씩 쓰는 걸로 시작해 보면 좋다. 화이트폭스로 유명한 김승호 회장은 하루 백 번 쓰기로 이루지 못한 꿈이 없다고 한다. 쓰기가 주는 놀라운 힘에 조금 많이 놀랐던 것 같다.

아주 간단해서 매일매일 할 수 있는 일. 하지만 조금은 특별한 일. 겸사겸사 해볼 만한 일. 그런 사소함의 반복이 자존감을 키워 준다.

나에게 쓰는 편지

그때의 나는 정말 지금의 나와는 다름을.

고민과 걱정은 스쳐 지나간다는 것을.

나와 편지를 주고 받으며 나를 위로하자.

나는 가끔 나와 편지를 주고 받는다. 내 자신에 대해 생각하는 것들, 걱정거리, 재미있었던 일들을 가볍게 메일로 써서 '나에게 보내기'로 보낸다. 중요한 것은 편지가 1초만에 도착하더라도 열어 보지 않을 것. 일주일쯤 묵혀 뒀다가 읽어 보는 것이다.

너무 힘들어서 속상하다는 내용이지만 일주일이 지나서 보면 이미 해결되어 있을 때가 많다. 편지를 쓰던 날 눈물을 흘렸던 기억이 떠올라서 참 힘들었구나 싶어지기도 한다. 일주일 전의 나와 이 편지를 읽고 있는 지금의 나는 같은 사람이지만 또 달라져 있다. 산다는 것이 직선으로 나아가는 것처럼 보이지만 진짜는 나선형으로 나아가고 있음을 발견하게 된다.

일주일 전의 나에게 답장을 쓸 때는 마음이 한결 가볍다. 얼마나 힘들었냐고, 괜찮아져서 다행이라고, 힘을 내라는 말도 곁들여서 보내기 버튼을 누른다. 그 편지 역시 1초만에 도착하지만 말이다.

나를 성장시키는 것은 과거의 무수한 '나'이다. 절망의 순간이 나를 발전시키는 것이 아니라, 그 절망을 어떻게 딛고 일어설 것인가를 선택한 내가 나를 자라게 만드는 것이다.

그렇기에 스스로를 들여다보는 나와의 편지 주고 받기는 쌓이면 쌓일수록 내 성장의 역사가 된다. 때로는 편지 쓰기를 열어서 미래의 나에게 몇 자 적어 보는 것도 좋을 것이다. 내가 나에게 보내는 특별한 메시지니 말이다.

◆ ◆ ◆ ◆

사랑비

나는 맑은 날이 참 좋더라.

비가 오는 날도 좋고,

눈이 내리는 날도 좋고.

바람이 부는 날은 시원해서 좋고.

그러고 보니, 매일이 좋은 건지도.

친구가 도대체 너는 싫은 날씨가 뭐냐고 물은 적이 있다. 예민한 사람처럼 굴지만 사실 나는 모든 날씨를 좋아하는 사람이다. 맑은 날에는 친구들을 만나서 커피를 마시고 산책을 한다. 비가 오는 날에는 도서관에 혼자 가서 책을 보거나, 카페에서 글을 쓴다. 눈이 내리는 날에는 외출보다는 창가에 서서 펑펑 쏟아지는 눈을 구경하는 즐거움을 만끽하는 식이다.

내가 어떤 날씨를 좋아하는지, 그리고 그런 날에는 뭐 하는 것을 제일 즐기는지를 생각해 보는 것은 흥미로운 일이다. 하루를 무료하게 보내고 싶지 않은 날, 창밖을 보면서 "이걸 하기에 딱 좋은 날이네!"를 외칠 수 있으니 말이다.

'소확행'이라는 날이 한동안 유행했었다. '소박하지만 확실한 행복'이란 뜻이다. 내 인생의 소확행은 무엇일지 생각해 보자. 비가 오는 날에는 뭐 하면 마음이 뿌듯해지는지. 뭐 하면 좋을지. 미리 생각해 둔다면 그날이 기다려질지도 모른다.

비가 오는 날이면 집에서 조금 일찍 나선다. 빗방울이 나뭇잎 위에 떨어지는 걸 구경하기 위해서다. 축축해진 날씨 탓에 앞다투어 집 밖으로 나온 지렁이들을 화단 가까이로 옮기는 것도 내가 좋아하는 일 중 하나다. "죽으면 안 돼"를 중얼거리면서 사람들에게 밟힐 수 있는 곳에 있는 지렁이들을 나뭇가지로 살짝 들어서 옆으로 치워 둔다.

의식이라고 하기엔 너무 거창한 그런 작은 법칙들이 일상 곳곳에 숨겨져 있기에 행복하다. 아무도 알아차리지 못하게 나 혼자 이어 나가는 나와의 약속들. 그런 날들이 마음을 푸근하게 만든다.

라일락

그저 오늘을 잘 살아낸 나에게
소박하지만 아름다운 꽃 한 다발을 선물하면 어떨까.
특별한 일이 없어서 더욱 아름다웠던 오늘.
피곤하고 힘들었던 시간을 잘 이겨낸 나.

글 쓰는 사람이 되고 싶다는 생각을 하게 된 건 중학교 1학년 때부터다. 친구들과 어울리는 데 서툴렀던 나는 책 읽는 것과 글 쓰는 걸 좋아하는 아이였다. 중학교 1학년 담임 선생님이 나에게 작가가 되면 좋겠다고 권해 주셨던 것이 이 꿈의 시작이었는지도 모른다.

교실 가까이에는 커다란 라일락 나무가 있었다. 아침이라고 하기에도 이른 새벽 시간에 등교를 해서 텅 빈 교실에 앉아 있는 걸 좋아했던 나는, 늘 차가운 공기를 잔뜩 품은 라일락 향기를 누리며 하루를 시작했다. 멀리까지 풍기는 그 향기가 지금까지도 좋은 이유는 순식간에 그때 그 시절로 나를 옮겨 주기 때문이다.

봄 밤, 말없이 길을 걷다 보면 라일락 향을 만나게 된다. 지금도 잘 하고 있다는 응원처럼 소리 없는 박수로 다가오는 꽃. 살면서 특별한 순간에는 늘 꽃이 함께한다. 입학식, 졸업식, 결혼식에는 주인공에게 커다란 꽃다발이 안겨진다. 행복감에 어리둥절하며 한껏 미소를 머금은 얼굴로 건네받는 꽃다발.

오늘 참 열심히 했는데, 아무도 응원해 주는 사람이 없을 때는 꽃집에 찾아간다. 계절에 맞게 다양한 꽃들이 반겨 주는 공간. 사치를 부리듯 마음에 드는 꽃들을 몇 다발 사서 집으로 돌아오는 길은 상이라도 받은 듯 뿌듯한 마음이 든다.

라일락 말고 또 어떤 꽃을 좋아하는지 생각해 보고 싶은 밤이다. 이 계절에는 무슨 꽃이 참 아름다운지. 얼마 전 한아름 품에 꽉 차게 받았던 작약, 목단을 떠올려 본다. 꽃이 없다면 무엇으로 이 삭막한 날들을 응원할 수 있을까.

나 자신을 알아 가는 시간

Q. 나에게 해주고 싶은 말이 있다면?

이제 나만
믿어요

세상이 나에게 냉정하게 굴수록,
나는 나에게 다정해지자.
지독한 상냥함으로 나를 꼭 껴안아 주는 것이다.

나는 누군가가 좋아지면 열정을 갖고 몰입하는 편이다. 궁금한 것들이 많아져서 점점 더 알고 싶고, 만나고 싶어진다. 마음을 표현하는 데도 인색하게 굴지 않는다. 그 사람에게 흠뻑 빠져서 한 달쯤 지나고 나면, 상대방이 자기 자신보다 내가 더 본인을 잘 아는 것 같다고 할 정도가 된다.

하지만 슬프게도 그 열정은 영원하지가 않다. 쓰나미가 휩쓸고 가듯 그 마음이 사라지고 나면 공허함이 밀려온다. 연애가 끝나면 늘 스스로에게 묻게 된다. 나는 왜 이렇게 누군가에게 혼신의 힘을 쏟고 있는 것일까?

시간이 지난 후, 내가 연애에 쏟는 그 열정은 사실 누군가에게 사랑받고 싶은 내 마음임을 깨달았다. 그리고 이내 아마 그런 사람은 없을지도 모른단 생각이 들었다. 왜 나는 나를 그만큼 치열하게 알아 가고 싶지 않았던 건가에 대한 의문도 생겼다.

더도 덜도 말고 하루에 딱 한 가지씩만이라도 나 자신에 대해 관심을 가지면 어떨까. 그저 알아채 주는 것이다. 속상한 일이 있어서 친구에게 전화하면 그저 묵묵히 "너 속상했겠다"라고 해주듯, 오늘의 내 마음을 읽어 주는 것이다.

"하기 싫은 일 하느라 애썼어.
넌 지금 최선을 다해서 하고 있어. 잘하고 있어.
화가 났나 보네. 그런 날도 있지."

실수와 좌절에도 '그럴 수 있지'라고 외치며 감싸 주자. 누군가에게 인정받고 싶은, 아이 같은 마음을 보드랍게 감싸 주는 것이다. 엄마가 아이를 재우기 위해 토닥토닥 두드려 주듯이 때로는 나의 어깨를 토닥여 주어야 한다.

지금까지 살아온 내 인생에 몇 점을 줄 수 있을까. 나는 누군가와 가까워지면 그런 질문을 상대방에게 던져 본다. 생각보다 많은 사람이 자신의 삶에 낮은 점수를 매긴다. 점수의 기준은 곁에 있는 나보다 나은 누군가이다. 남과의 비교에 스스로를 패자로 만들고 반복된 좌절감을 선물처럼 안고 사는 인생. 꼴찌의 삶에 익숙해지면 그러려니 하며 맨 뒤에 가서 서게 된다.

조금은 다정한 시선으로 나를 바라보면 좋겠다. 세상에서 나를 가장 극한으로 몰아가는 사람은 결국 내 자신일지도 모른다. 울고 있는 아이를 못 본 채 내버려 두는 것 같이 사는 것은 아닌지. 달리던 발걸음을 멈추고 울먹이는 아이를 안아 주는 그 따스함으로 내가 여기에 있다며 나를 꼭 껴안아 주자.

◆ ◆ ◆ ◆

동반자

굿모닝. 매일 아침 눈을 뜨면 나는 나 자신에게 중얼거린다. 겨우 눈 뜬 내 자신에게 대견하다고 다독인다. "오늘 어때?"하며 스스로에게 물어보는 것은 나와 만나는 쉽고도 편한 방법이다. 하루 중 나와 보내는 시간을 따로 내기가 쉽지 않기 때문이다. 내 마음을 들여다보거나 알아채기 위해 틈틈이 나와의 대화를 시도한다. 양치하면서 거울 속에 거품 잔뜩 문 나 자신에게 말을 걸 때도 있다.

"오늘은 아침부터 왜 기분이 안 좋아?"

웃긴 이야기처럼 들릴지 모르겠지만, 의외로 내 마음은 기다리기라도 한 듯이 순순히 대답한다. 이런 대화를 통해서 진짜 나의 속마음을 알아챌 수 있다. 어떤 것들로 긴장하고 스트레스를 받고 있는지. 오늘 하루 무엇을 기대하고 있는지. 내 감정과 생각을 알아차리고, 남에게 듣고 싶었던 말을 나 자신이 스스로에게 들려주면 한결 마음이 가벼워진다. 나 자신은 나에게 100% 원하는 말을 해줄 수 있기 때문이다.

나의 진짜 고민이 뭔지도 발견할 수 있다. 친구와 대화를 나누는 것처럼 나와 속닥속닥 이야기를 하다 보면 나의 여러 가지 감정이 나타날 것이다. 가여울 수도, 못마땅할 수도 있지만, 뭐라도 좋다. 나라는 존재가 어떤 마음으로 하루를 시작하고 살아갈 준비를 하고 있는지를 발견하는 시간이다.

"너무 짜증 나면 출근 시간 전에 스타벅스에 가서 캐러멜 마키아토 한잔 어때?"

어떤 것이 나의 기분을 전환시킬 수 있는지 생각해 보면서 해결책에 대해 대화를 나눠 보자. 세상에서 가장 친한 친구와 대화를 나누듯이. 시작은 단순히 오늘 하루를 사는 데부터지만 자꾸 하다 보면 정말 내가 원하는 인생의 방향에 대해서도 들어 볼 수 있다.

때로는 거대한 소용돌이 바람에 실려서 하늘을 날아오르는 도로시를 상상한다. 내가 원하는 방향이 어딘지도 모른 채 그렇게 정신없이 태풍 속에 실려서 여기저기를 쏘다니는 모습. 남들이 원하니까, 사회에 소속되고 싶으니까 하면서 나는 그 속에 몸을 맡긴 채 정신없이 휩쓸려 다닌다. 태풍의 눈은 너무 조용해서 끌려다녀 보면 오히려 평온하다. 그 속을 벗어나기 위해 바깥쪽으로 걸어 나갈수록 다시금 그 안으로 끌려 들어가는 바람의 힘과 맞서게 된다.

세상이 원하는 삶이 아니라, 내가 원하는 삶을 산다는 것은 그 안에서 벗어나는 일이다. 그러기에 두렵기도 하고, 그 생각에 여러 가지 고통이 따르기도 한다.

태풍이 무조건 나쁘다고 만은 할 수 없다. 어쩌면 내가 가고 싶은 방향으로 나를 실어 줄 수도 있으니 말이다. 하지만 그러기 하기 위해서는 내가 어디로 가고 싶은지 정도는 알아야 하는 게 아닐까.

적어도 한 번쯤은 지금까지의 내가 어디서부터 어떻게 여기까지 오게 된 것인지 생각해 보자. 어떤 태풍에 실려서 이만큼 왔는지. 그 시작은 나와 함께 태풍의 눈 밖으로 뛰어나갈 존재인 나 자신과 이야기를 나누는 것에서부터일 것이다. 나 자신이야말로, 도로시와 여행을 떠났던 그 친구들처럼 내 곁에서 의지를 북돋아 주면서 함께 해줄 것이니까.

지금 다정하게 물어보자. "요즘은 사는 게 좀 어때? 오늘의 내가 진짜 원하는 게 뭐야?" 그 대답이야말로 앞으로의 내가 원하는 삶을 살게끔 하는 원동력이 될 것이다.

나 자신을 알아 가는 시간

Q. 요즘 사는 게 어떤가?
내가 진짜 원하는 것은 무엇인가?

이상한 나라의
앨리스

회중시계를 든 토끼가 나타나면,

신기하다고 생각만 할 것인가,

앨리스처럼 따라나설 것인가에 대한 문제.

≪이상한 나라의 앨리스≫를 처음 읽었을 때 머리를 갸웃거렸던 기억이 난다. 주인공 여자애는 어쩜 이렇게 즉흥적으로 선택을 하는 거야? 왜 모르는 토끼를 따라서 구멍으로 들어가 버린 거지? 그러면 분명 큰일 날 텐데. 초등학교 저학년이었던 나조차도 의구심 가득해 하며 읽었던 책.

하지만 어른이 되고 나니 때로는 이상한 나라의 앨리스처럼 살고 싶어진다. 너무 많은 고민은 하지 않은 채, 정말 내가 원하는 것에 충실하면서, 남에게 피해 주지 않고 모험을 즐길 수 있는 용기를 갖고 사는 것. 하지만 이미 세상이 그런 동화 같은 곳이 아님을 알기에, 그저 꿈으로 남겨 둘 수밖에 없다.

앨리스처럼 살기에는 늦었다. 정신을 차려 보니 나는 이미 많은 역할에 붙잡혀 있다. 엄마로, 딸로, 며느리로, 아내로, 회사원으로 기타 등등 각각의 입장과 상황이 있고, 지켜야 할 법도 기대하는 바도 다양하다.

나를 알아 가고 오롯이 나로 산다는 건, 때로는 앨리스처럼 엉뚱해질 필요가 있는 것인지도 모른다. "세상 속에서 내가 어떻게 살아가야 할까?"에 대한 질문의 대답보다는, 그 역할을 얻기 전부터 존재했던 '나'에 대해서 탐구하고 알아 가는 것이 더 중요하기 때문이다. 그리고 그런 시간 속에서 우리는 다시 역할에 충실할 수 있는 에너지를 얻게 된다.

세상의 모든 역할을 다 합친 것이 내가 되는 것이 아니라, 각각의 옷으로 갈아입는 하나의 존재로서의 '나'로 살아갈 수 있기를 바란다.

그런 용기는 결국 있는 그대로의 나만으로도 충분히 완벽함을 깨달을 때에 가능하다는 것을 알기에, 나는 여전히 부족하고 발전해야 한다는 강박보다는, 이미 내 안에 많은 것들이 들어 있다는 믿음, 가정을 바탕으로 기대하며 살아가고 싶다.

회중시계를 든 토끼는 잭에만 존재하는 것이 아니기를. 낮잠을 자려는 나의 앞에 나타나기를 오늘도 기다려 본다. 거실 벽 사이로 숨어들려는 그 토끼를 발견하면 망설임 없이 따라나설 수 있게끔 준비를 해둘 것이다. 이미 끝이 완결되어 있는 소설이 아닌, 끊임없이 쓰여지고 있는 '나'의 이야기이기에.

나 자신을 알아 가는 시간

Q. 나만의 삶을 그린다면 어떤 모습인가?

◆ ◆ ◆

마지막 순간까지

내 편

내 친구

내 동반자일

나 자신!

오늘의 나를 즐기며 살아가자!

에필로그

나를 알아 가는 삶을 사는 즐거움

나는 왜 태어났을까?
어떤 인생을 살아가게 될까?
사는 건 왜 이렇게 간단하지 않은 걸까?

이런 질문들은 몇 살 때 하는 게 어울릴까. 사람은 언젠가 이런 질문들과 마주하게 될 것이다. 그때가 언제인지는 각자 다르겠지만.

내가 적당한 대답을 찾게 된 것은 나와 단둘이 데이트를 하는 시간이 길어졌던 때였다. 답은 책에 있는 것도 아니었고, 남이 알려 줄 수 있는 것은 더더욱 아니었다. 내가 내린 결론은 온전히 나답게, 매일을 충실하게 살아가면 된다는 것이었다. 내가 경험할 수 있는 모든 것들을 세상에서 가장 사랑하는 내 자신에게 허락하면서 말이다.

나에 대해서 알기 전에는 가까운 이들을 향한 불평불만, 원망이 많았다. 외모, 성격, 성적 등 모든 것에 대해 남과 경쟁을 하며 살아가는 기분이었다. 하지만 나 자신을 안 이후에는 모든 것이 달라졌다. 시선이 세상을 향할 때는 도무지 보이지 않던 해답들이 내 안을 비추자 보이는 듯했다.

나를 잘 안다는 건 분명 즐거운 일이다. 인간은 생각보다 복잡한 존재이기 때문에 알면 알수록 새로운 것들을 발견하게 된다. 나를 알아 가다 보면 주변의 소중한 사람들에 대해서도 깊은 이해를 할 수 있게 된다. 그들의 삶에 애정을 갖고 바라볼 수 있는 여유가 생긴다.

나를 알기 위해 부모님을 생각하다 보니 측은지심이 생겨났다. 할머니, 할아버지의 삶도 더듬어 보게 되었다. 그렇게 시작된 '나'에 대한 탐험은 어느새 타인을 이해하고 보듬는 데까지 이르렀다.

나 자신과 친해지게 되면 휴일날 누구를 만날까 걱정할 필요가 없어진다. 옷을 잘 골라 주는 친구와의 쇼핑도 예전만 못하다. 나 혼자서도 느긋하게 시간을 보내고, 여유로 충만한 시간을 보낼 수 있기 때문이다.

나를 잘 아는 것이 주식을 사고, 부동산을 보러 다니는 데도 유용함을 느낀다. 나의 약점과 강점을 알기에 투자에 있어서도 적절한 선택을 할 수 있는 것이다. 자신에 대한 확신이 있기에 중요한 선택에도 시간 낭비를 하지 않게 된다. 회사건 인간관계건 내가 주도적으로 선택하고 이끌 수 있다는 자신감이 생긴다.

'최고의 인생'이란 무엇일까. 세상의 소리를 모두 끄면 들리게 될 내 자신의 목소리, 그 목소리가 나에게 잘 살아왔다고 인정해 주는 인생이 아닐까. 지금도 잘 하고 있다고, 내가 있으니 힘을 내라고. 이 응원이야말로 나를 지지하는 온전한 신뢰에서 비롯된 것이다.

혼자서 나만의 퀘렌시아를 향해 떠나는 시간은 늘 설렌다. 나를 신뢰하고 지지하는 내 자신이 있기에 나는 늘 새롭게 도전하고 이루어 나간다. 세상의 그 누구보다 내 자신에게 기대하는 나. 내가 등지지 않는다면 나야말로 영원한 아군이자 동반자인 셈이다. 그 응원에 힘입어 이 책을 쓸 수 있었다. 세상을 살아가는 사람들이 자신을 알아 가는 인생의 즐거움을 오래오래 만끽할 수 있기를 바란다.

설레임

초판 1쇄 인쇄　2021년 12월 15일
초판 1쇄 발행　2021년 12월 25일

지은이　　김해린
펴낸이　　김경표

기획총괄　전수은
책임편집　전수은
일러스트　살랑(Sallang)

펴낸곳　　ICBOOKS
출판등록　2021년 9월 8일　제 2021-000137호
주소　　　경기도 파주시 책향기로 209 1412동 1003호
　　　　　　(동패동, 책향기마을우남퍼스트빌)
전화　　　031-946-5149
팩스　　　031-947-5149
이메일　　ic-books@naver.com
블로그　　https://blog.naver.com/ic-books

ISBN　　　979-11-976271-0-1　03810

ⓒ김해린, 2021

* 책값은 뒤표지에 있습니다.
* 저자와 출판사의 허락 없이 내용의 전부 또는 일부를 인용, 발췌하는 것을 금합니다.
* 잘못 만들어진 책은 구입하신 곳에서 교환해 드립니다.